GABRIELA OLIVEIRA

Doces e Sobremesas

Copyright © 2020 Gabriela Oliveira
Copyright desta edição © 2022 Alaúde Editorial Ltda.

Título original: *Cozinha Vegetariana – Doces e sobremesas*

Todos os direitos reservados. Nenhuma parte desta edição pode ser utilizada ou reproduzida – em qualquer meio ou forma, seja mecânico ou eletrônico –, nem apropriada ou estocada em sistema de banco de dados sem a expressa autorização da editora.

O texto deste livro foi fixado conforme o acordo ortográfico vigente no Brasil desde 1º de janeiro de 2009.

Preparação: Fernanda Marão (Crayon Editorial)
Revisão: Claudia Vilas Gomes e Rosi Ribeiro Melo
Adaptação de capa e de projeto gráfico: Cesar Godoy

Edição original: Bertrand Editora, Lda.
Projeto gráfico e Design da capa: Marta Teixeira
Fotografia e Produção fotográfica: Gabriela Oliveira
Fotografias da autora: Raquel Wise

1ª edição, 2022

Impresso no Brasil

Dados Internacionais de Catalogação na Publicação (CIP)
(Câmara Brasileira do Livro, SP, Brasil)

Oliveira, Gabriela
Cozinha vegana : doces e sobremesas / Gabriela Oliveira. -- São Paulo : Alaúde Editorial, 2022.

ISBN 978-65-86049-72-5

1. Culinária vegana 2. Doces (Culinária) 3. Sobremesas (Culinária) 4. Receitas veganas I. Título.

22-108174   CDD-641.5636

Índices para catálogo sistemático:
1. Receitas veganas : Culinária 641.5636
Cibele Maria Dias - Bibliotecária - CRB-8/9427

2022
A Editora Alaúde faz parte do Grupo Editorial Alta Books
Avenida Paulista, 1337, conjunto 11
01311-200 – São Paulo – SP
www.alaude.com.br
blog.alaude.com.br

Aos meus filhos, provadores e devoradores destas páginas!

ÍNDICE

Apresentação
· 9 ·

Introdução
· 10 ·

Trufas, biscoitos e muffins
· 27 ·

Pastéis, croissants e pães doces
· 53 ·

Sorvetes, pudins e doces de colher
· 91 ·

Tortas e cheesecakes
· 121 ·

Bolos e brownies
· 175 ·

Índice de receitas
· 222 ·

Apresentação

A ideia de um bolo quentinho à minha espera ou uma fatia de torta gelada caseira me deixa com água na boca. Mais do que uma gulodice, uma sobremesa pode representar um gesto de atenção e carinho. Podemos passar sem esse momento, mas a vida é mais agradável quando temos a oportunidade de saborear o que nos dá prazer e nos faz feliz, sem sentimento de culpa. Quando se explora a confeitaria 100% vegetal, desconstroem-se alguns mitos e abrem-se novas perspectivas. Afinal, podemos experimentar fórmulas diferentes e criativas para preparar em casa doces e sobremesas que nos fazem bem.

A primeira vez que fiz um bolo sem ovos foi há quase duas décadas. Naquela época, não imaginava que o interesse pela culinária vegana me desviaria do percurso profissional como jornalista. Nos vários livros que publiquei na série "Cozinha Vegana", reservei sempre algumas páginas para os doces, pois, se é verdade que precisamos de refeições completas e equilibradas, também é notório nosso desejo por algo que nos conforte, estimule e surpreenda. Os doces e as sobremesas saudáveis podem preencher esse apelo e proporcionar muitos momentos afetivos e de bom convívio.

Desta vez, o tema merecia ser aprofundado e assumir o destaque na capa. Quis realçar a escolha dos ingredientes e a importância de alguns truques, compilar receitas (que considero fundamentais) e dar respostas aos pedidos de leitores. Uma parte das receitas aqui apresentadas estava dispersa nos outros livros. Algumas receitas foram adaptadas para duas versões (com e sem glúten ou sem açúcar) e cerca de 40 são novas, como as recriações dos famosos pastéis de nata.

A confeitaria vegana desafia as premissas da confeitaria tradicional e convencional, ao mostrar que é possível preparar bolos e sobremesas variados sem usar ovos, manteiga, leite e até açúcares refinados. Um dos aspectos que mais me cativa – além do uso criativo de ingredientes comuns e da procura de novas soluções – é a simplicidade e a rapidez de preparação. A confeitaria 100% vegetal não exige utensílios ou equipamentos sofisticados, não requer grande destreza e, na maior parte das vezes, os procedimentos são simples e realizam-se em poucos minutos. Mesmo quem tem pouca experiência ou revela parcos dotes de confeiteiro pode ser bem-sucedido nos preparos veganos.

A forma como adoçamos a nossa vida pode fazer a diferença? Vivemos tempos de mudança e avaliamos com mais discernimento os problemas ambientais e o impacto das nossas escolhas diárias na nossa saúde e no planeta. Podemos dizer que a confeitaria 100% vegetal é inovadora (por desafiar os princípios básicos da confeitaria tradicional), inclusiva e abrangente (contempla os diferentes regimes alimentares e considera opções para intolerâncias e alergias alimentares), mais saudável (por usar menos gorduras e produtos refinados), ética (por evitar a exploração e o sofrimento dos animais) e mais ecológica (por usar ingredientes com menor impacto ambiental, poupando assim os limitados recursos do planeta). Como pode caber tanto em uma simples e deliciosa fatia de bolo?

Experimentem e deliciem-se!

Gabriela Oliveira

INTRODUÇÃO

Doces e sobremesas fáceis e rápidos de preparar, com ingredientes saudáveis, baixo teor de gorduras e pouco (ou nenhum) açúcar. Quem não quer? Sentir o cheirinho de bolo saindo do forno, saborear alguns biscoitos caseiros no lanche ou se deliciar com uma linda bola de sorvete de fruta! Nada se compara ao prazer de dizer: "Eu que fiz!"

Este livro apresenta receitas com diferentes ingredientes e graus de dificuldade, para que você as explore no seu ritmo e em função de suas necessidades e preferências. Algumas das receitas apresentadas são recriações da confeitaria tradicional portuguesa em versão vegana e mais saudável, pois usam farinhas integrais e evitam os açúcares brancos e refinados.

A confeitaria vegana fundamenta-se na premissa do uso exclusivo de ingredientes de origem vegetal. Usam-se vários tipos de farinhas, açúcares e gorduras vegetais, de acordo com a receita e o resultado que pretendemos obter. Quando um produto alimentar é rotulado ou assinalado com a designação "vegano", significa que não contém quaisquer ingredientes de origem animal, portanto excluem-se os ovos, os laticínios, o mel ou outros subprodutos. Já um produto identificado como "vegetariano", tecnicamente pode conter ovos, mel ou leite na sua composição (ver quadro). Neste livro, todas as receitas são indicadas para uma dieta vegetariana estrita ou vegana.

DIFERENTES REGIMES VEGETARIANOS

	CARNE	PEIXE	LATICÍNIOS	OVOS	MEL	ORIGEM VEGETAL
Vegano / 100% vegetariano	✗	✗	✗	✗	✗	✓
Ovolactovegetariano	✗	✗	✓	✓	✓	✓
Ovovegetariano	✗	✗	✗	✓	✓	✓
Lactovegetariano	✗	✗	✓	✗	✓	✓

Atualmente, a linha 100% vegetal é um dos segmentos de mercado em maior expansão na indústria alimentar e há uma oferta cada vez maior de produtos compatíveis. Quando preparamos sobremesas veganas é especialmente importante escolher de forma correta os ingredientes, eliminando componentes que possam conter soro de leite (como o chocolate comum ou a margarina clássica). Esse cuidado deve ser redobrado quando os doces serão presenteados ou vendidos, pois podem desencadear reações se forem ingeridos por pessoas com alergias alimentares.

Utensílios

É aconselhável ter alguns utensílios e equipamentos simples para facilitar a preparação e garantir um bom resultado. Serão, com certeza, muito úteis em qualquer cozinha.

BALANÇA – Permite medir de forma mais exata os ingredientes secos, como as farinhas, o açúcar ou as frutas secas e oleaginosas. Não é obrigatória, embora seja muito útil.

BATEDEIRA – A batedeira elétrica é a forma mais rápida e eficiente para bater cremes ou a água do cozimento do grão-de-bico (também chamada de "aquafaba") – só assim ficam firmes e volumosas.

XÍCARAS MEDIDORAS – Costumo usar xícaras medidoras, pois facilitam a medição dos ingredientes e tornam a preparação mais rápida. Em geral, um conjunto de xícaras medidoras é composto por quatro unidades com as seguintes capacidades: 1 xícara (250 ml); ½ xícara (125 ml); ⅓ de xícara (80 ml); e ¼ de xícara (60 ml). Encontram-se à venda em supermercados e lojas de utensílios domésticos. Se não tiver, improvise usando uma caneca alta (com 250 ml) e fazendo marcas para assinalar as medidas.

COLHERES MEDIDORAS – São muito úteis para dosar ingredientes em pequenas quantidades, como o fermento e as especiarias, pois as suas cavidades permitem que as medidas (rasas) sejam mais precisas e rigorosas. Um conjunto de colheres medidoras costuma ter quatro unidades com as seguintes capacidades: 1 colher (sopa), com 15 ml; ½ colher (sopa), com 7,5 ml; 1 colher (chá), com 5 ml; ½ colher (chá) ou 1 colher (café), com 2,5 ml. As colheres que temos em casa podem ter tamanhos diferentes e podemos enchê-las de forma variada, por isso são menos eficientes para preparar receitas.

COPO MEDIDOR – É prático, sobretudo para medir líquidos e misturar os ingredientes úmidos das receitas. Os copos medidores costumam ter uma marcação com as correspondências em mililitros (ml) e em xícaras (ou *cups*), o que torna o processo mais rápido.

FÔRMAS – Há muitos tipos de fôrmas à venda, de diferentes materiais, formatos e tamanhos. Tenho preferência por fôrmas antiaderentes com fundo removível, pois facilitam o cozimento e o processo de desenformar. Para iniciantes, dependendo das preferências, pode ser suficiente adquirir uma fôrma redonda de 22 cm, uma fôrma retangular (tipo bolo inglês), uma fôrma de fundo falso, uma fôrma de pudim e um conjunto de 12 forminhas para muffin.

GRADE DE RESFRIAMENTO – É útil para resfriar bolos, muffins, biscoitos e tortas, evitando que criem condensação e fiquem úmidos.

PAPEL-MANTEIGA – É o melhor aliado na hora de preparar biscoitos, bases para tortas ou para forrar as fôrmas quando pretendemos desenformar os bolos ainda quentes.

PENEIRA – É útil para peneirar farinhas, o cacau em pó e o açúcar (que tende a formar grânulos devido ao teor de umidade). Pode servir igualmente para coar sucos e cremes que tenham ficado com grumos, ou para lavar e escorrer pequenas frutas.

RASPADOR/RALADOR – As raspas de cascas de frutas são essenciais em muitas receitas, pelo que é aconselhável ter um raspador ou ralador fino. Além disso, o acessório poderá ser útil para ralar cenoura e outros alimentos (como o gengibre) na hora de preparar receitas doces e salgadas.

TRITURADOR DE ALIMENTOS – Para triturar ingredientes úmidos, podemos recorrer a um mixer simples ou a um liquidificador; para os ingredientes secos, é mais adequado usar um processador ou um mixer.

BATEDOR MANUAL (FOUET) – É essencial para misturar ingredientes secos e úmidos. Como na confeitaria vegana não se utilizam ovos, o batedor é o instrumento mais recomendado para misturar, envolver ou bater ingredientes em massas simples de bolo, dispensando-se, na maior parte dos casos, o uso de batedeiras ou mixers.

Ingredientes

Para preparar doces e sobremesas na versão 100% vegetal, há um conjunto de ingredientes que podemos ter na despensa, como farinhas, açúcar mascavo, fermento, bebidas vegetais, sementes ou oleaginosas. Podemos escolher a sobremesa em função das nossas preferências e dos ingredientes que temos disponíveis no momento. A maioria dos ingredientes – como farinhas, bebidas e cremes vegetais – encontra-se à venda em supermercados comuns e é de fácil acesso. Vou detalhar alguns dos ingredientes mais citados nas receitas deste livro.

AÇÚCARES – Açúcar demerara, açúcar mascavo, açúcar de coco, melaço. Tanto o açúcar mascavo quanto o demerara têm menos aditivos do que o açúcar branco, são menos calóricos e conservam nutrientes importantes (nomeadamente, vitaminas do complexo B, cálcio, magnésio, fósforo e ferro), podendo ser encontrados na versão clara e escura, sendo a cor mais intensa indicativa de uma maior percentagem de melaço. O açúcar de coco, obtido a partir da seiva das flores do coqueiro, tem uma cor dourada e um sabor doce que lembra o caramelo – habitualmente é usado em receitas saudáveis ou com características requintadas. O açúcar branco comum não é utilizado nas receitas deste livro.

ÁGAR-ÁGAR – Em pó ou em flocos. Obtido a partir de várias algas marinhas, o ágar-ágar é usado na culinária por suas propriedades gelificantes, em substituição à gelatina de origem animal. Tem uma coloração branca e é comercializado em flocos e em pó, sendo esta última forma a mais concentrada (1 colher de ágar-ágar em pó equivale a 2 colheres em flocos, com a mesma medida). Deve ser diluído em água e fervido por 3 a 5 minutos, até ficar translúcido, e se solidifica assim que começa a esfriar. Encontra-se à venda em supermercados e lojas de produtos naturais.

BAUNILHA – Vagem de baunilha, extrato de baunilha, pasta de baunilha. Em algumas receitas, é adequado usar a vagem de baunilha inteira (abre-se ao meio no sentido do comprimento e raspa-se as sementes com a ponta da faca). Em outras, é mais prático usar um pouco de extrato ou de pasta de baunilha para aromatizar. Essas soluções líquidas (produzidas a partir das sementes da baunilha) podem ser adquiridas em lojas de artigos para confeitaria (físicas ou *on-line*).

BEBIDAS VEGETAIS – Bebidas vegetais de aveia, de soja, de amêndoas, de arroz ou de coco. Estas bebidas vegetais são também chamadas de leites vegetais, por serem usadas em substituição ao leite de origem animal. São produzidas a partir de cereais (como a aveia e o arroz), de leguminosas (como a soja) ou de oleaginosas (como a amêndoa e a castanha-de-caju). As bebidas de aveia e de soja são as mais utilizadas na confeitaria 100% vegetal, por serem mais acessíveis e alcançarem melhores resultados.

CACAU E CHOCOLATE – Cacau em pó, chocolate em pó sem açúcar, nibs de cacau, chocolate culinário 100% vegetal, chocolate amargo (mínimo de 70% de cacau), granulado de chocolate, creme de chocolate e avelã. Sempre que possível, é preferível optar por cacau puro (sem adição de açúcar) e por chocolate amargo e de uso culinário com um elevado teor de cacau. É importante que não contenham leite.

FARINHAS – Farinha de trigo sem fermento e farinha de trigo integral, farinha de espelta e farinha de espelta integral, farinha de arroz integral (é preferível à farinha de arroz branco), farinha de aveia (ou flocos de aveia finamente triturados), fubá, amido de milho, alfarroba em pó, farinha de amêndoa (ou amêndoa moída). A variedade de farinhas em algumas receitas relaciona-se com a necessidade de obter diferentes texturas e sabores, de aumentar os nutrientes ou de preparar sobremesas sem glúten. Quando essa necessidade não se coloca, podemos utilizar as farinhas comuns, como a farinha de trigo, ou optar pela farinha de espelta, que é nutricionalmente mais equilibrada e pode ser usada com bons resultados na preparação de pães, bolos e biscoitos.

FRUTAS – Fruta fresca, fruta congelada, fruta seca ou desidratada. Podemos tirar proveito das frutas de cada estação, ricas em vitaminas e compostos antioxidantes, integrando-as à preparação de doces e sobremesas. É útil conservar no congelador algumas frutas sazonais (como morangos e outras frutas vermelhas) e polpas (de manga, de abacaxi ou de maracujá) para usar ao longo do ano. A fruta seca e desidratada tem duração maior e pode ser mantida na despensa – como passas, figos, damascos, ameixas e tâmaras (de preferência, sem adição de sulfitos ou glicose).

OLEAGINOSAS – Amêndoa, avelã, noz, noz-pecã, castanha-de-caju, pistache etc. As oleaginosas são muito versáteis e valiosas do ponto de vista nutricional, pelo seu elevado aporte proteico, de minerais (em particular, cálcio, magnésio e ferro) e de ácidos graxos essenciais. São ótimas aliadas na preparação de sobremesas saudáveis. Opte pelos produtos inteiros, sem adição de sal, podendo assim usá-los picados, tostados, ralados ou sob a forma de farinha.

LEITE DE COCO E CREME DE COCO – Leite de coco integral, leite de coco light, leite de coco caseiro, creme de coco. O leite de coco pode ter diferentes teores de gordura e extrato de coco em maior ou menor concentração. Para sorvetes, pudins e tortas geladas, é importante usar leite de coco com um teor elevado de gordura, para que se consiga separar o creme (que se forma no topo do recipiente quando este é refrigerado), ou optar por creme de coco. O leite de coco condensado contém açúcar e deve ser usado com moderação.

LINHAÇA E OUTRAS SEMENTES – Farinha de linhaça, sementes de psyllium em pó, sementes de chia, sementes de papoula. As sementes são importantes na preparação culinária 100% vegetal, pois as suas fibras têm propriedades aglutinantes e emulsionantes que ajudam a equilibrar as massas de bolos, tortas e biscoitos. A mais usada é a farinha de linhaça – por a semente ser muito dura, deve ser moída e adicionada à receita sob a forma de farinha (pode ser adquirida já moída ou triturada em casa). O psyllium em pó ajuda a ligar os ingredientes e melhorar a textura, o que faz dele essencial na confeitaria vegana sem glúten. Outras sementes podem ser usadas inteiras, como as sementes de chia, que formam um gel quando se misturam com um líquido, ou as minúsculas sementes de papoula, que conferem um sabor peculiar. Para além de funcionais, estas sementes são nutricionalmente valiosas, pois apresentam teores elevados de proteínas, ferro, cálcio, zinco e ácidos graxos essenciais ômega-3 e 6 (no caso das sementes de linhaça e de chia).

MANTEIGA E PASTAS – Manteiga vegetal (tipo margarina 100% vegetal), manteiga de amendoim, pasta de amêndoa e pasta de avelã. Encontram-se à venda algumas margarinas preparadas exclusivamente com óleos vegetais, sem leite, que são adequadas à confeitaria vegana – creme vegetal para untar e creme vegetal para cozinhar 100% vegetal. Além destas, podemos utilizar a manteiga de amendoim (a cremosa é mais versátil), a pasta de avelã, de amêndoa ou de castanha-de-caju. Outras gorduras, como o óleo de girassol, o azeite e o óleo de coco, são igualmente apropriadas.

CREME VEGETAL PARA BATER – Creme culinário de soja, creme culinário de soja para bater. O creme culinário de soja para bater é o mais adequado para preparar sobremesas, pois fica volumoso e firme após ser batido (enquanto outros não alcançam esse resultado). Habitualmente são vendidos refrigerados.

ÓLEOS E AZEITE – Óleo de girassol, óleo de coco, azeite. O óleo de girassol comum (refinado) é de uso geral; pode-se optar por outros tipos de óleo, desde que sejam fluidos e de sabor pouco acentuado. O azeite é adequado em pequenas quantidades, preferencialmente virgem, suave e com baixa acidez. O óleo de coco apresenta um leve sabor; usa-se derretido (mantém-se sólido a baixas temperaturas e derrete com o calor).

TÂMARAS SECAS – Pelo seu elevado teor de açúcares naturais, as tâmaras têm um grande poder adoçante e são consideradas o melhor adoçante natural. Contudo, para cumprirem essa função, é importante que sejam puras, sem adição de glicose e conservantes. Podem ser usadas diretamente na preparação de bolos e sobremesas (trituradas com as farinhas ou com os líquidos) ou sob a forma de pasta de tâmaras. A pasta de tâmaras pode ser adquirida pronta ou preparada em casa. Consiste em ferver tâmaras secas e sem caroço em água por alguns minutos e, em seguida, triturá-las e reduzi-las a uma pasta, que se conserva na geladeira ou em local seco e fresco.

XAROPES – Xarope de agave, xarope de bordo (*maple syrup*), xarope de arroz; xarope de milho. O xarope de agave é extraído do agave-azul, enquanto o xarope de bordo provém da seiva de bordo. Ambos têm uma textura espessa e um sabor doce que lembra o mel. Há diferentes variedades, com uma coloração desde o dourado-claro ao escuro. Os xaropes de arroz e de milho são obtidos por meio da fermentação dos cereais e de processos enzimáticos, e têm um sabor suavemente doce e maltado. Estes substitutos do açúcar são ricos em frutose e apresentam um índice glicêmico inferior; contudo, seu consumo deve ser moderado.

Opções sem glúten

Recentemente, a procura por opções sem glúten aumentou muito. Existem situações clínicas de intolerância ao glúten e de doença celíaca, contudo a grande procura deve-se à vontade de reduzir o consumo excessivo de alimentos com glúten. Por vezes, a redução do glúten reflete-se na melhoria da digestão e do funcionamento do organismo, em parte pela diversificação das fontes de nutrientes. No caso de existir apenas uma ligeira sensibilidade (e não intolerância e alergia), pode ser suficiente a substituição do trigo por outros cereais menos manipulados e refinados (como a farinha de espelta). Em todo o caso, variar é um bom princípio.

Quando preparamos uma sobremesa sem glúten, é importante ter em mente a quem se destina. A preparação de alimentos para celíacos ou para pessoas alérgicas ao glúten requer cuidados especiais: as farinhas e os outros ingredientes devem ser isentos de glúten (com certificação explícita no rótulo da embalagem) e os utensílios e equipamentos devem ser usados exclusivamente para receitas sem glúten (ou descontaminados antes da preparação). Já as sobremesas ou outras receitas sem glúten destinadas ao público em geral não exigem tantos cuidados – basta escolher ingredientes que não contenham glúten, ainda que essa informação não esteja declarada no rótulo.

Que farinhas e outros ingredientes podemos usar neste tipo de receitas? Alguns cereais contêm glúten naturalmente – como o trigo, a espelta, o kamut, o centeio e a cevada –, enquanto outros são isentos de glúten na sua constituição – como o arroz, a quinoa, o milho ou o trigo-sarraceno. O glúten é um conjunto de proteínas que se encontra no embrião da semente ou do grão (composto pelas proteínas gliadina e glutenina) e confere a elasticidade característica das farinhas usadas na panificação. Sobremesas como pudins, sorvetes e musses (sugeridas no capítulo dedicado a sorvetes, pudins e doces de colher) a princípio não contêm glúten, pois não levam farinha na preparação. Porém, é necessário ter o cuidado de escolher corretamente as bebidas vegetais que as integram, dado que algumas podem ter glúten. Nas receitas de bolos, tortas e muffins sem glúten, é importante usar farinhas isentas de glúten. Para se obter bons resultados na confeitaria sem glúten e sem ovo, não basta usar apenas um tipo de farinha; devemos recorrer a uma mistura de farinhas de diferentes cereais sem glúten e combiná-las com sementes (como a farinha de linhaça e o psyllium em pó) ou usar auxiliares como goma guar ou goma xantana.

Farinhas e outros alimentos com glúten

> Farinhas de trigo, de espelta, de centeio, de cevada ou de kamut; pães e biscoitos (em geral); massa folhada, massa de torta e massa filo (em geral); xarope e malte de cevada; mistura de cevada e café; cerveja; bebidas vegetais de kamut ou de espelta (no caso da bebida vegetal de aveia, pode conter traços a depender do processamento).

Farinhas e outros alimentos sem glúten

> Farinhas de arroz, de milho, de quinoa, de teff, de trigo-sarraceno, de mandioca, de alfarroba e de araruta (no caso de flocos e farinha de aveia, podem conter traços a depender do processamento); farinhas de leguminosas (de grão-de-bico, de tremoço etc.); amido de milho e fécula de batata; fermento; cacau em pó; coco ralado; oleaginosas em geral (amêndoa, nozes, avelã etc.); sementes em geral (linhaça, chia, psyllium etc.); xarope de arroz e de milho; xarope de agave e de bordo; café; bebidas vegetais de soja, de arroz ou de amêndoa; leite de coco; creme de soja; pães, biscoitos ou massas certificadas sem glúten.

Uma massa de bolo sem glúten e sem ovo requer um reforço de elementos que ajudem a agregar e a dar liga aos ingredientes. Por outro lado, as massas sem glúten, além de quebradiças, tendem a secar. Assim, é conveniente usar ingredientes que auxiliem a dar liga e a manter um bom grau de umidade. Em termos gerais, na preparação de uma massa de bolo sem glúten podemos combinar três ou quatro tipos de farinha, açúcar ou outro adoçante, dois tipos de sementes, uma gordura, uma bebida vegetal e uma fruta ou sabor distintivo (como raspas de casca de frutas, frutas secas ou cacau em pó).

Exemplo de massa de bolo sem glúten
(proporções para uma fôrma de 22 cm)

1 xícara de farinha de arroz integral
½ xícara de farinha de aveia
½ xícara de fécula de batata, fubá ou coco ralado
1 xícara de açúcar demerara ou mascavo
1 colher (sopa) de fermento químico em pó
1 colher (sopa) de bicarbonato de sódio
1 colher (sopa) de psyllium em pó ou ½ colher (sopa) de goma guar
1 colher (sopa) de farinha de linhaça ou de sementes de chia
1 ½ xícara de bebida vegetal ou leite de coco
½ xícara de óleo de girassol ou óleo de coco derretido
1 colher (sopa) de suco de limão-siciliano ou vinagre de maçã
raspas de limão-siciliano ou de laranja, frutas secas, cacau em pó etc.

Preparações caseiras

Ao longo deste livro – e dos anteriores da série "Cozinha Vegana" – encontram-se diversas sugestões de doces e sobremesas. Algumas receitas têm ingredientes como leite vegetal (ou bebida vegetal), creme de soja, creme de coco e leite de coco condensado. Deixo, a seguir, indicações práticas para fazer preparações caseiras, rápidas e não muito caras.

LEITE DE AVEIA (BEBIDA VEGETAL)

½ xícara de aveia em flocos
5 xícaras de água
1 tâmara seca
uma pitada de sal
uma gota de azeite

Demolhe a aveia em 2 xícaras de água por 4 horas e então escorra.
Junte as 3 xícaras de água restantes, a tâmara sem caroço, o sal e o azeite e bata na velocidade máxima por 1 minuto. Passe por um coador de trama muito fina (ou use um filtro para leites vegetais) e pressione o resíduo. Transfira para uma garrafa de vidro com tampa e conserve na geladeira por, no máximo, 2 dias. Agite bem antes de usar.
Rende cerca de 750 ml de leite de aveia.

CREME DE SOJA CASEIRO

¼ de xícara de leite de soja
uma pitada de sal
1 colher (sopa) de açúcar demerara
1 colher (sopa) de suco de limão-siciliano
½ xícara de óleo vegetal

Coloque o leite, o sal, o açúcar e o suco de limão no copo do liquidificador; bata na velocidade máxima e, ao mesmo tempo, adicione o óleo em fio (pelo orifício da tampa), até obter uma consistência cremosa (tipo maionese). Conserve na geladeira por, no máximo, 3 dias. Rende cerca de 1 xícara de creme de soja.

NOTA: Este preparado não é adequado para bater, portanto não substitui o creme vegetal para chantili.

CREME DE COCO PARA COBERTURA DE BOLO

400 ml de leite de coco
2 a 4 colheres (sopa) de açúcar demerara, açúcar de coco ou xarope de agave
uma pitada de sal
½ limão-siciliano ou taiti (raspas e suco)

Coloque o leite de coco na parte alta da geladeira por 8 horas, para que o creme se separe do soro (não agite). Separe o creme (a parte espessa que fica por cima), deixando o soro no fundo do recipiente. Bata o creme de coco com o açúcar, o sal e as raspas e o suco de limão até obter um creme liso. Conserve na geladeira por, no máximo, 2 dias.

LEITE DE COCO CONDENSADO

400 ml de leite de coco
4 colheres (sopa) de açúcar demerara ou açúcar de coco
uma pitada de sal

Coloque o leite de coco, o açúcar e o sal em uma panela e leve ao fogo brando, mexendo regularmente com uma espátula, por cerca de 20 minutos (ou até atingir o ponto de estrada – ao passar a espátula no fundo da panela, o trajeto fica marcado). Conserve na geladeira por, no máximo, 5 dias.

MIXED SPICE

1 colher (sopa) de pimenta-da-jamaica moída / 1 colher (sopa) de canela em pó
1 colher (sopa) de noz-moscada moída / 2 colheres (chá) de macis moída
1 colher (chá) de cravo moído / 1 colher (chá) de coentro moído
1 colher (chá) de gengibre em pó

Misture todos os temperos e guarde em um pote fechado ao abrigo da luz.

Dúvidas frequentes

Por vezes, surgem dúvidas quanto à escolha dos ingredientes, à utilização dos equipamentos e ao modo de preparar e conservar os alimentos. Podem existir variações nos resultados dependendo dos produtos que usamos, da forma como os preparamos e dos equipamentos que temos disponíveis. Deixo um resumo das dúvidas mais frequentes e das possíveis soluções.

DÚVIDA/DIFICULDADE	EXPLICAÇÃO	SOLUÇÃO
FORNO E COZIMENTO		
É preciso untar a fôrma?	Não é obrigatório, se ela for antiaderente ou de silicone.	Unte com óleo (use papel-toalha para espalhar) e polvilhe com farinha. Como alternativa, forre o fundo e as laterais com papel-manteiga.
Devo preaquecer o forno?	Sim.	Coloque a fôrma no forno quando atingir a temperatura recomendada.
Uso o forno com ventilação ou estático?	Preferencialmente, com ventilação (circulação de ar), para uma distribuição uniforme do calor.	Opte por calor com ventilação, exceto se a receita indicar o contrário ou se o seu forno obtiver melhores resultados na função estática.
Onde devo colocar a fôrma?	Sobre a grelha, na posição mais central possível no forno.	Pouse a fôrma sobre a grelha (não no assoalho ou dentro de uma assadeira), no centro do forno.
O bolo precisou de mais tempo no forno.	O forno não foi preaquecido. • O tempo recomendado é indicativo e pode variar. • Reduziu o açúcar e a massa ficou muito fluida. • Substituiu ingredientes que alteraram a textura. • Bolos com fruta têm variações no teor de umidade.	Preaqueça o forno e coloque a fôrma só após este atingir a temperatura recomendada. • Espete um palito no centro do bolo; se o palito sair com massa, mantenha o bolo no forno por mais alguns minutos e repita o teste até que o palito saia limpo. • Se usar fruta, não exceda a quantidade indicada.

DÚVIDA/DIFICULDADE	EXPLICAÇÃO	SOLUÇÃO
O bolo não cresceu.	Usou uma fôrma muito grande para a quantidade de massa. • Bateu demais a massa. • O fermento estava fora do prazo (ou perdeu a força, por estar mal fechado). • Substituiu ingredientes que alteraram as proporções.	Use uma fôrma de tamanho adequado. • Bata delicadamente a massa com o fermento, apenas para envolver. • Use fermento dentro do prazo e corretamente fechado. • Depois de preparar a massa, não demore a levar ao forno. • Não abra a porta do forno antes do tempo.
A massa do bolo ficou quebradiça ou pouco agregada.	Desenformou o bolo ainda quente. • Usou farinhas sem glúten – é importante juntar farinha de linhaça, psyllium em pó ou outra semente na preparação.	Desenforme depois de esfriar. • Para melhorar a consistência, acrescente 1 a 2 colheres (sopa) de psyllium em pó na massa de bolo ou base de torta.

INGREDIENTES E SUBSTITUIÇÕES

Como posso reduzir o açúcar?	Reduza o açúcar em ¼ ou até em ½ da quantidade.	Deve reduzir também um ingrediente líquido (o leite vegetal), quase na mesma proporção, para equilibrar a umidade da massa.
Posso substituir o açúcar demerara por açúcar mascavo ou vice-versa?	Sim.	Na mesma proporção.
Posso substituir o açúcar mascavo ou demerara por açúcar de coco?	Sim.	Na mesma proporção.
Posso substituir o açúcar por adoçantes líquidos na massa do bolo?	Sim. Substitua por xarope de agave, de bordo, de arroz ou de milho. O resultado será um pouco diferente.	Use ¾ de xícara de xarope por xícara de açúcar. • Reduza o leite pela metade para equilibrar a umidade da massa. • Pode demorar mais 10 minutos para ficar pronto.

DÚVIDA/DIFICULDADE	EXPLICAÇÃO	SOLUÇÃO
Posso eliminar o açúcar de uma receita?	Sim. Substitua por tâmaras, mas o resultado será um pouco diferente.	Use 150 g a 200 g de tâmaras sem caroço para 1 xícara de açúcar. Triture-as com as farinhas ou com os líquidos.
Posso substituir o óleo de girassol por óleo de coco ou vice-versa?	Sim. O resultado é idêntico.	Na mesma proporção. Derreta o óleo de coco antes de usar.
Posso substituir o óleo por azeite?	Sim, por azeite de sabor suave, em menor quantidade.	Reduza em ⅓ a quantidade, pois o azeite tem um sabor mais intenso.
Posso reduzir a quantidade de gordura em um bolo?	Sim, mas fica menos fofo.	Se necessário, aumente o leite vegetal para corrigir a umidade da massa.
Posso substituir a gordura por purê de fruta?	Sim, mas o resultado é diferente.	Na mesma proporção. Vai demorar mais tempo cozinhando.
Posso substituir a farinha de trigo por farinha de espelta ou vice-versa?	Sim. O resultado é idêntico.	Na mesma proporção.
Posso usar apenas farinhas integrais?	Sim, mas a massa vai ficar mais pesada e menos fofa.	Para uma massa de bolo, use até metade de farinha integral e a metade restante refinada.
Posso substituir a farinha de trigo ou de espelta por farinha de arroz na mesma quantidade?	Não.	Misture outras farinhas sem glúten, além da farinha de arroz, para preparar uma massa de bolo (ver p. 17).
Posso substituir a farinha de trigo ou de espelta por farinha sem glúten para bolos na mesma quantidade?	Não.	Use mais de uma farinha sem glúten para preparar uma massa de bolo sem glúten (ver p. 17).

DÚVIDA/DIFICULDADE	EXPLICAÇÃO	SOLUÇÃO
Posso usar a farinha de alfarroba em substituição da farinha de trigo ou de espelta?	Não.	A alfarroba em pó deve ser usada em pequenas quantidades (à semelhança do cacau em pó). Não use como farinha principal.
O que é um "ovo de linhaça"?	É a mistura de 1 colher (sopa) de farinha de linhaça com 3 colheres (sopa) de água quente.	Bata energicamente até formar uma goma. Adicione essa goma à massa do bolo.
Posso substituir os ovos em uma receita por "ovos de linhaça", na mesma quantidade?	Não.	Por massa de bolo, use até 2 ou 3 colheres (sopa) de farinha de linhaça. Em excesso, o sabor da linhaça sobressai e anula os restantes.
Posso usar as sementes da linhaça inteiras nos bolos?	Não. As sementes inteiras (não trituradas) não são adequadas para bolos.	Use apenas farinha de linhaça ou opte por sementes que podem ser misturadas inteiras, como as de chia e papoula.
Que creme vegetal devo usar para bolos e sobremesas?	Creme vegetal para chantili ou creme de soja para bater.	Procure em supermercados, na seção dos produtos refrigerados.
Posso substituir o creme vegetal para chantili por creme de coco, nas coberturas?	Sim.	Compre creme de coco ou use leite de coco frio.
Que leite de coco devo usar para sorvetes e sobremesas?	Leite de coco com um bom teor de gordura (mínimo de 50% de extrato de coco).	Não use leite de coco light, com baixo teor de gordura.
Posso substituir o creme de soja por manteiga vegetal no chocolate derretido?	Sim. Use manteiga vegetal tipo margarina 100% vegetal (sem leite).	Na mesma proporção.

DÚVIDA/DIFICULDADE	EXPLICAÇÃO	SOLUÇÃO
Que manteiga vegetal posso usar?	Manteiga vegetal tipo margarina 100% vegetal (sem leite).	Procure em supermercados. Se não houver, substitua por óleo de coco.
Que leite vegetal posso usar?	Bebida vegetal de aveia, de soja, de arroz, de amêndoa ou outra bebida vegetal da sua preferência.	Comprada pronta ou de preparação caseira. • As bebidas de aveia e de soja, pela sua textura, proporcionam bons resultados.
Que massa folhada ou massa podre posso usar?	Massa folhada ou massa podre 100% vegetal (sem manteiga ou soro de leite).	Procure em supermercados. A maioria das massas é 100% vegetal.
Existe massa folhada ou massa podre sem glúten pronta para comprar?	Sim, sem glúten e 100% vegetal.	Procure em hipermercados e lojas especializadas.
Que fermento posso usar nos bolos?	Fermento químico em pó.	Procure em supermercados.
Que fermento posso usar nos pães?	Fermento biológico seco ou fresco.	O fermento seco é mais vantajoso, por ter longa duração e não necessitar de refrigeração.

PREPARAÇÃO E CONSERVAÇÃO

Qual o melhor método para fazer bolos de duas camadas (ou duplo)?	Duplique a massa e leve ao forno em duas fôrmas iguais, ao mesmo tempo, na mesma posição da grelha.	Use duas fôrmas iguais. Ou prepare a massa duas vezes e use a mesma fôrma, depois de desenformar.
Posso preparar bolos com antecedência?	Sim. Pode fazer o bolo na véspera e finalizar a cobertura e a decoração no próprio dia.	Faça o bolo no dia anterior e conserve na geladeira ou prepare com mais antecedência e congele. Outra opção é preparar a mistura dos ingredientes secos (sem o fermento) na véspera e concluir a receita no próprio dia.

DÚVIDA/DIFICULDADE	EXPLICAÇÃO	SOLUÇÃO
Posso congelar bolos ou muffins?	Sim.	Por, no máximo, 3 meses, bolos com massa simples ou bases de tortas (depois de pré-assadas). Descongele em temperatura ambiente.
Posso preparar a cobertura de chantili com antecedência?	Sim.	Conserve o creme batido na geladeira por, no máximo, 3 dias.
Bati o creme e não ficou firme.	Usou creme de soja inadequado (de culinária, para pratos salgados). • Não bateu o tempo suficiente com a batedeira.	Use creme culinário de soja para bater, adequado para sobremesas. • Bata com a batedeira (junte algumas gotas de suco de limão).
Bati a água do cozimento do grão-de-bico e não ficou firme.	A água do cozimento não estava fria ou não estava espessa. • A batedeira não era potente.	Reduza a água do cozimento do grão-de-bico fervendo-a por 20 minutos; leve à geladeira para ficar fria e espessa. • Bata com a batedeira por 10 minutos.
Posso bater a água do grão-de-bico em conserva?	Sim, mas é desaconselhável, por conter aditivos e conservantes.	Opte por cozinhar o grão-de-bico em casa e conserve a água do cozimento na geladeira por, no máximo, 5 dias (ou congele).
Posso congelar o leite de coco ou o creme de coco que sobrou?	Sim.	Por, no máximo, 3 meses.
Posso congelar o creme de soja (batido ou por bater)?	Não. Perde a textura.	Conserve em geladeira.
Posso congelar o leite vegetal?	Sim.	Por, no máximo, 3 meses. Descongele e agite bem antes de usar.

MEDIDAS E EQUIVALÊNCIAS

LÍQUIDOS (água / leite / óleo / azeite / suco)

1 xícara = 250 ml	1 colher de sopa = 15 ml
½ xícara = 125 ml	½ colher de sopa = 7,5 ml
⅓ de xícara = 83 ml	1 colher de chá = 5 ml
¼ de xícara = 60 ml	1 colher de café = 2,5 ml

SÓLIDOS*

Açúcar demerara
1 xícara = 150 g
1 colher de sopa = 10 g

Açúcar de coco
1 xícara = 175 g
1 colher de sopa = 10 g

Açúcar mascavo
1 xícara = 175 g
1 colher de sopa = 10 g

Ágar-ágar
1 colher de sopa = 8 g (em pó) ou 4 g (em flocos)
1 colher de chá = 2,6 g (em pó) ou 1,3 g (em flocos)

Amêndoa ralada
1 xícara = 120 g
1 colher de sopa = 9 g

Amido de milho
1 xícara = 130 g
1 colher de sopa = 9 g

Coco ralado
1 xícara = 80 g
1 colher de sopa = 5 g

Farinha de arroz integral
1 xícara = 150 g
1 colher de sopa = 11 g

Farinha de aveia
1 xícara = 100 g
1 colher de sopa = 8 g

Farinha de espelta
1 xícara = 140 g
1 colher de sopa = 10 g

Fubá
1 xícara = 130 g
1 colher de sopa = 10 g

Farinha de trigo
1 xícara = 140 g
1 colher de sopa = 10 g

Fécula de batata
1 xícara = 160 g
1 colher de sopa = 11 g

Fermento
1 colher de sopa = 10 g
1 colher de chá = 3,3 g

Aveia em flocos
1 xícara = 100 g
1 colher de sopa = 7 g

Tâmaras secas sem caroço
1 xícara = 140 g a 150 g
1 tâmara = 8 g a 10 g

* Consideram-se medidas rasas.

Trufas, biscoitos e muffins

Brigadeiros de chocolate
(SEM GLÚTEN)

 30 minutos   12 unidades   Muito fácil

1. Em uma panela, misture o leite de coco condensado, o cacau em pó, o óleo de coco, o extrato de baunilha (se for usar) e o chocolate partido em pedaços. Leve ao fogo brando, mexendo regularmente com uma espátula, por cerca de 20 minutos (ou até desprender da panela – ao passar a espátula, é possível ver o fundo).

2. Desligue o fogo, passe para um prato fundo para esfriar e leve à geladeira por, pelo menos, 1 hora.

3. Retire pequenas porções com uma colher e, com as mãos untadas com óleo, molde as bolinhas e passe-as pelo chocolate granulado. Coloque-as em forminhas de papel e mantenha na geladeira até servir.

320 g de leite de coco condensado
4 colheres (sopa) de cacau em pó
1 colher (sopa) de óleo de coco
1 colher (café) de extrato de baunilha (opcional)
50 g de chocolate culinário (100% vegetal)
4 colheres (sopa) de chocolate granulado (para enrolar)

Brigadeiros de chocolate e manteiga de amendoim
(SEM GLÚTEN)

 30 minutos   12 unidades   Muito fácil

1. No processador, triture finamente o amendoim; retire 2 colheres (sopa) e reserve (para polvilhar).

2. Junte o chocolate picado, a manteiga de amendoim e o açúcar (se for usar) e volte a triturar até obter uma pasta densa. Transfira para uma vasilha e leve à geladeira por 30 minutos.

3. Retire pequenas porções e, com as mãos umedecidas (em óleo de coco, por exemplo), molde as bolinhas. Polvilhe com o amendoim triturado reservado.

NOTA: Se desejar, acrescente à massa um pouco de gengibre ralado e raspas de limão-siciliano ou taiti.

100 g de amendoim cru ou torrado sem sal
200 g de chocolate culinário (100% vegetal)
2 a 4 colheres (sopa) de manteiga de amendoim
2 colheres (sopa) de açúcar de coco ou demerara (opcional)

Trufas de avelã e cacau

(SEM GLÚTEN E SEM AÇÚCAR)

 15 minutos 10 unidades Muito fácil

1. Toste as avelãs em uma frigideira (sem óleo) por 3 minutos e solte as cascas (esfregue com um pano ou entre os dedos).

2. Triture finamente as avelãs no processador; junte as tâmaras sem caroço e picadas, o óleo de coco, a canela, o sal e 3 colheres (sopa) de cacau e volte a triturar até obter uma mistura fina e úmida.

3. Retire porções e molde bolinhas; envolva-as no cacau restante. Mantenha na geladeira até servir.

NOTA: Se desejar, toste mais 10 avelãs inteiras e coloque-as no interior das trufas na hora de modelar. As avelãs podem ser substituídas por amêndoas ou castanhas-de-caju, seguindo os mesmos passos da receita.

1 xícara de avelãs
1 xícara de tâmaras secas
1 a 2 colheres (sopa) de óleo de coco
1 colher (café) de canela em pó
uma pitada de sal
4 colheres (sopa) de cacau em pó

Beijinhos de coco e cenoura

(SEM GLÚTEN E SEM AÇÚCAR)

 20 minutos   20 unidades   Muito fácil

3 cenouras (200 g)

½ xícara de tâmaras secas ou 2 colheres (sopa) de xarope de agave

1 xícara de coco ralado

1 limão-siciliano (raspas)

1. Cozinhe as cenouras, escorra-as bem e triture-as no processador. Junte as tâmaras sem caroço e volte a triturar até obter uma pasta rústica. Transfira para uma vasilha e misture ½ xícara de coco ralado e as raspas de limão. Ajuste a textura e o sabor adicionando mais um pouco de coco e de raspas de limão, se necessário.

2. Retire colheradas de massa e molde bolinhas com as mãos; envolva no coco ralado restante e leve à geladeira por 4 horas ou até servir.

Biscoitos de canela e gengibre

 25 minutos | Forno: 12 minutos   **24 unidades**   **Fácil**

1. Em uma vasilha, misture os ingredientes secos seguidos dos líquidos e molde uma bola de massa com as mãos. Leve à geladeira por 5 minutos.

2. Em uma superfície de trabalho, sobre uma folha de papel-manteiga, abra a massa com o rolo até obter uma espessura fina. Corte os biscoitos com um cortador e transfira para uma assadeira forrada com papel-manteiga.

3. Leve ao forno preaquecido a 180 °C por 12 minutos. Retire e coloque os biscoitos sobre uma grade de resfriamento.

½ xícara de farinha de trigo ou de espelta

½ xícara de farinha de trigo integral ou de espelta

4 colheres (sopa) de açúcar mascavo ou açúcar de coco

1 colher (sopa) de canela em pó

2 colheres (chá) de gengibre em pó

½ colher (chá) de fermento químico em pó

4 a 6 colheres (sopa) de óleo de girassol ou óleo de coco derretido

2 colheres (sopa) de leite vegetal ou água

Biscoitos de manteiga de amendoim

(SEM GLÚTEN E SEM AÇÚCAR)

 25 minutos | Forno: 18 minutos   **12 unidades**   **Fácil**

1. Misture os ingredientes secos em uma vasilha e em outra misture a manteiga de amendoim, o óleo, o xarope de agave e o extrato de baunilha (se for usar). Junte os dois preparados, incorpore bem e molde uma bola de massa com as mãos. Leve à geladeira por 5 minutos.

2. Em uma superfície de trabalho, sobre uma folha de papel-manteiga, abra a massa com o rolo até obter uma espessura fina. Corte os biscoitos com um cortador. Transfira para uma assadeira forrada com papel-manteiga.

3. Leve ao forno preaquecido a 180 °C por 18 minutos. Coloque os biscoitos sobre uma grade de resfriamento.

1 xícara de farinha de aveia

½ xícara de farinha de arroz integral

uma pitada de sal

1 colher (chá) de fermento químico em pó ou bicarbonato de sódio

½ xícara de gotas de chocolate (opcional)

1 xícara de manteiga de amendoim cremosa

¼ de xícara de óleo de coco derretido ou azeite

½ xícara de xarope de agave, de bordo ou melado de cana

½ colher (chá) de extrato de baunilha (opcional)

Biscoitos de amêndoas

 25 minutos | Forno: 15 minutos   **24 unidades**   **Muito fácil**

½ xícara de amêndoas moídas

1 xícara de farinha de trigo ou de espelta

1 xícara de farinha de trigo integral ou de espelta

½ xícara de açúcar mascavo

1 colher (chá) de canela em pó

uma pitada de sal

6 colheres (sopa) de manteiga vegetal

6 colheres (sopa) de água

amêndoas inteiras para decorar

2 colheres (sopa) de xarope de agave ou melado de cana (opcional; para pincelar)

1. Em uma vasilha, misture as amêndoas moídas, as farinhas, o açúcar, a canela e o sal. Junte a manteiga em temperatura ambiente e a água; misture bem com uma colher e forme uma bola de massa com as mãos. Deixe repousar na geladeira por 5 minutos.

2. Forre um assadeira com papel-manteiga. Modele bolinhas de massa e achate-as. Disponha-as em uma assadeira e coloque uma amêndoa inteira sobre cada biscoito, pressionando ligeiramente. Pincele com o xarope de agave para obter um efeito brilhante.

3. Leve ao forno preaquecido a 180 °C por 15 minutos. Coloque os biscoitos sobre uma grade de resfriamento e depois conserve-os em um recipiente fechado.

Biscoitos de coco e frutas secas

(SEM GLÚTEN E SEM AÇÚCAR)

 15 minutos | Forno: 20 minutos   **14 unidades**   **Muito fácil**

1. Triture grosseiramente a mistura de amêndoas, nozes e avelãs no processador; junte as tâmaras e as ameixas sem caroço e picadas grosseiramente e volte a triturar. Adicione a banana e a pasta de amêndoa e pulse por alguns segundos para misturar bem.

2. Transfira a mistura para uma vasilha. Junte as raspas e o suco da laranja, o coco ralado, a aveia, a farinha de arroz, a farinha de linhaça, o sal, a canela e o bicarbonato, mexendo entre cada adição. No final, misture as passas até obter uma massa densa.

3. Forre uma assadeira com papel-manteiga e disponha pequenas porções de massa com uma colher.

4. Leve ao forno preaquecido a 180 °C por 20 a 25 minutos. Deixe esfriar sobre uma grade de resfriamento.

NOTA: Se preferir, substitua a farinha de arroz integral por farinha de trigo ou de espelta; nesse caso, a massa terá glúten.

½ xícara de mistura de amêndoas, nozes e avelãs

½ xícara de tâmaras secas

2 ameixas-pretas

1 banana madura

2 colheres (sopa) de pasta de amêndoa ou

4 colheres (sopa) de azeite

1 laranja (raspas e suco)

½ xícara de coco ralado

½ xícara de aveia em flocos finos

½ xícara de farinha de arroz integral

1 colher (sopa) de farinha de linhaça

uma pitada de sal

uma pitada de canela em pó

1 colher (chá) de bicarbonato de sódio

3 colheres (sopa) de uvas-passas picadas

Scones de frutas secas
(SEM AÇÚCAR)

 20 minutos | Forno: 18 minutos   **8-10 unidades**   **Fácil**

½ xícara de tâmaras secas

2 xícaras de farinha de espelta ou de trigo

1 colher (chá) de canela em pó

½ colher (sopa) de fermento químico em pó

½ colher (chá) de bicarbonato de sódio

1 limão-siciliano (raspas)

1 laranja (raspas)

7 colheres (sopa) de azeite ou óleo de coco derretido

2 a 4 colheres (sopa) de leite vegetal

125 g de iogurte natural de soja

¾ de xícara de mistura de frutas secas e oleaginosas (uvas-passas, cranberries, ameixas-pretas, damascos, avelãs, amêndoas e nozes)

1. Triture as tâmaras sem caroço no processador por alguns segundos; adicione metade da farinha e volte a triturar.

2. Coloque em uma vasilha e misture o restante da farinha, a canela, o fermento, o bicarbonato e as raspas de limão e de laranja. Adicione 6 colheres (sopa) de azeite, o leite e o iogurte, mexendo bem para incorporar. Junte as frutas secas e as oleaginosas, finamente picadas e misture com cuidado até obter uma massa espessa. Se necessário, acrescente mais farinha.

3. Retire porções de massa e modele pequenas bolinhas com as mãos. Coloque em uma assadeira forrada com papel-manteiga e pincele com o restante do azeite.

4. Leve para assar em forno preaquecido a 180 °C por 18 a 20 minutos. Deixe esfriar sobre uma grade de resfriamento.

Scones de batata-doce e amêndoas

(SEM GLÚTEN E SEM AÇÚCAR)

 15 minutos | Forno: 20 minutos   **10 unidades**   **Fácil**

1. Amasse a batata-doce até obter um purê. Passe para uma vasilha e misture o azeite e o leite.

2. À parte, misture a farinha de linhaça com a água quente e mexa energicamente até formar uma goma. Adicione a mistura à vasilha.

3. Junte as amêndoas moídas, as farinhas, o açúcar de coco (se for usar), o sal, a canela, o psyllium, o fermento, as raspas de laranja e as uvas-passas, mexendo entre cada adição até obter uma massa densa.

4. Coloque um pouco de farinha de arroz em um prato. Retire porções da massa com uma colher, molde os scones e passe-os rapidamente pela farinha. Coloque-os em uma assadeira forrada com papel-manteiga.

5. Leve ao forno preaquecido a 180 °C por 20 a 25 minutos. Coloque os scones sobre uma grade de resfriamento e polvilhe com canela. Se desejar, sirva com geleia.

300 g de batata-doce cozida

⅓ de xícara de azeite

½ xícara de leite vegetal

2 colheres (sopa) de farinha de linhaça

6 colheres (sopa) de água quente

½ xícara de amêndoas moídas

1 xícara de farinha de arroz integral + um pouco para polvilhar

2 colheres (sopa) de fubá ou amido de milho

2 colheres (sopa) de açúcar de coco ou xarope de bordo (opcional)

uma pitada de sal

1 colher (chá) de canela em pó ou mixed spice + um pouco para polvilhar

1 colher (sopa) de psyllium em pó (para dar liga)

2 colheres (chá) de fermento químico em pó

1 laranja (raspas)

½ xícara de uvas-passas

Cupcakes com gotas de chocolate

 30 minutos | Forno: 18 minutos   **12 unidades**   **Médio**

1. Em uma vasilha, misture os ingredientes secos: as farinhas, o açúcar peneirado, o cacau, a farinha de linhaça, o fermento e o bicarbonato.

2. À parte, misture os ingredientes líquidos: o leite, o óleo e o suco de limão. Acrescente a mistura de líquidos à vasilha das farinhas e bata com um fouet por cerca de 1 minuto, para incorporar e obter uma massa homogênea. Junte as gotas de chocolate e envolva levemente.

3. Unte as fôrmas de cupcake ou forre-as com forminhas de papel e encha até ²/₃ com a massa.

4. Leve ao forno preaquecido a 180 °C por cerca de 18 minutos (verifique o ponto espetando no centro de um dos muffins um palito, que deverá sair seco). Coloque os cupcakes sobre uma grade de resfriamento.

5. Prepare a cobertura: Derreta o chocolate em banho-maria até ficar cremoso. Bata o creme vegetal com o açúcar e o suco de limão até ficarem firmes; junte o chocolate derretido e volte a bater para incorporar. Leve à geladeira por 15 minutos. Em seguida, coloque o creme em um saco de confeiteiro. Decore os cupcakes e polvilhe com um pouco de chocolate ralado.

NOTA: Para a versão sem glúten, substitua as farinhas de trigo por 1 xícara de farinha de aveia, ¼ de xícara de farinha de arroz integral e ¼ de xícara de fécula de batata e junte 1 colher (sopa) de psyllium em pó na vasilha das farinhas (para ajudar a dar liga). Mantenha o restante dos ingredientes e siga o mesmo preparo.

1 xícara de farinha de trigo ou de espelta

½ xícara de farinha de trigo integral ou de espelta ou de aveia

1 xícara de açúcar demerara

4 colheres (sopa) de cacau em pó

1 colher (sopa) de farinha de linhaça

2 colheres (chá) de fermento químico em pó

½ colher (café) de bicarbonato de sódio

1 xícara de leite vegetal

⅓ de xícara de óleo de girassol ou óleo de coco derretido

1 colher (sopa) de suco de limão-siciliano

⅓ de xícara de gotas de chocolate amargo ou 80 g de chocolate culinário (100% vegetal)

COBERTURA

100 g de chocolate culinário (100% vegetal)

125 ml de creme vegetal para chantili

2 colheres (sopa) de açúcar demerara

1 colher (sopa) de suco de limão-siciliano

Muffins de cacau e manteiga de amendoim

 15 minutos | Forno: 20 minutos   **12 unidades**   **Fácil**

1. Misture a manteiga de amendoim, o leite, o azeite e o suco de limão e bata até obter um creme homogêneo (use o processador ou o mixer se a manteiga estiver espessa). Transfira para uma vasilha.

2. Junte o açúcar, as farinhas, o cacau, a farinha de linhaça, o fermento e o bicarbonato, batendo entre cada adição, para incorporar e obter uma massa homogênea.

3. Unte fôrmas de muffin ou forre-as com forminhas de papel e encha até ²/₃ com a massa.

4. Leve ao forno preaquecido a 180 °C por cerca de 20 minutos (verifique o ponto espetando no centro de um dos muffins um palito, que deverá sair seco). Coloque os muffins sobre uma grade de resfriamento.

5. Prepare a cobertura: Aqueça o creme de soja e o açúcar (se for usar) em fogo brando até este dissolver. Retire do fogo, junte o chocolate (partido em pedaços) e a manteiga de amendoim e mexa com uma espátula até ficar cremoso. Distribua imediatamente pelo topo dos muffins e polvilhe com os amendoins picados.

NOTA: Para a versão sem glúten, aumente a quantidade de farinha de aveia para 1 xícara e substitua a farinha de espelta por ½ xícara de farinha de arroz integral e ½ xícara de fécula de batata. Junte 1 colher (sopa) de psyllium em pó na vasilha das farinhas (para ajudar a dar liga). Mantenha o restante dos ingredientes e siga o mesmo preparo.

6 colheres (sopa) de manteiga de amendoim (cremosa, 80 g)

1 ¼ xícara de leite vegetal

2 colheres (sopa) de azeite

1 colher (sopa) de suco de limão-siciliano

¾ de xícara de açúcar mascavo ou açúcar de coco

1 ½ xícara de farinha de espelta ou de trigo

½ xícara de farinha de aveia

4 a 6 colheres (sopa) de cacau em pó

1 colher (sopa) de farinha de linhaça

2 colheres (chá) de fermento químico em pó

1 colher (café) de bicarbonato de sódio

COBERTURA

2 colheres (sopa) de creme de soja

1 colher (sopa) de açúcar demerara (opcional)

50 g de chocolate culinário (100% vegetal)

1 colher (sopa) de manteiga de amendoim (cremosa)

2 colheres (sopa) de amendoins ou nozes picadas (para decorar)

Muffins de abóbora e laranja

 30 minutos | Forno: 20 minutos   18 unidades   Fácil

1 laranja grande (raspas e suco)

500 g de abóbora-manteiga

1 pau de canela

½ xícara de óleo de girassol ou ⅓ de xícara de óleo de coco derretido ou azeite

1 xícara de açúcar mascavo

1 xícara de farinha de trigo ou de espelta

½ xícara de farinha de trigo integral ou de espelta

½ xícara de coco ralado

1 colher (sopa) de farinha de linhaça

1 colher (café) de canela em pó (opcional)

1 colher (sopa) de fermento químico em pó

1 colher (café) de bicarbonato de sódio

1. Raspe a laranja e retire o suco. Corte a abóbora em pequenos cubos. Coloque a abóbora, o pau de canela e o suco de laranja em uma panela com tampa e cozinhe em fogo baixo por 15 a 20 minutos. Em seguida, descarte o pau de canela e triture a abóbora até obter um creme aveludado. Deixe esfriar.

2. Depois de frio, coloque o purê de abóbora em uma vasilha (cerca de 1½ xícara). Adicione o óleo, o açúcar, as farinhas, o coco, a farinha de linhaça, a canela em pó (se for usar), o fermento, o bicarbonato e as raspas de laranja, mexendo com mixer entre cada adição.

3. Unte as fôrmas de muffin ou forre-as com forminhas de papel e encha até ²/₃ com a massa.

4. Leve ao forno preaquecido a 180 °C por cerca de 20 minutos (verifique o ponto espetando no centro de um dos muffins um palito, que deverá sair seco). Coloque os muffins sobre uma grade de resfriamento.

NOTA: Para a versão sem glúten, substitua as farinhas de trigo por 1 xícara de farinha de arroz integral e ½ xícara de farinha de aveia e junte 1 colher (sopa) de psyllium em pó na vasilha das farinhas (para ajudar a dar liga). Mantenha o restante dos ingredientes e siga o mesmo preparo.

Muffins de cenoura e mexerica

 15 minutos | Forno: 20 minutos   **12 unidades**   **Fácil**

1. Rale finamente a cenoura e reserve.

2. Em uma vasilha, misture os ingredientes secos: as farinhas, o açúcar (peneirado), a farinha de linhaça, o fermento, o bicarbonato e as raspas das mexericas.

3. À parte, em um copo alto, misture os ingredientes líquidos: o suco das mexericas (cerca de ½ xícara), o leite e o óleo. Coloque a mistura de líquidos no centro da vasilha das farinhas e bata por cerca de 1 minuto, para incorporar e obter uma massa homogênea.

4. Junte a cenoura ralada e misture com delicadeza.

5. Unte fôrmas de muffin ou forre-as com forminhas de papel e encha até ²/₃ com a massa.

6. Leve ao forno preaquecido a 180 °C por cerca de 20 minutos (verifique o ponto espetando no centro de um dos muffins um palito, que deverá sair seco). Coloque os muffins sobre uma grade de resfriamento.

NOTA: Para a versão sem glúten, substitua a farinha de espelta por 1 xícara de farinha de arroz integral e ½ xícara de fubá ou fécula de batata e junte 1 colher (sopa) de psyllium em pó na vasilha das farinhas (para ajudar a dar liga). Mantenha o restante dos ingredientes e siga o mesmo preparo.

1 cenoura (100 g)

1 ½ xícara de farinha de espelta ou de trigo

½ xícara de farinha integral de aveia ou de espelta

1 xícara de açúcar demerara ou açúcar de coco

1 colher (sopa) de farinha de linhaça

2 colheres (chá) de fermento químico em pó

1 colher (café) de bicarbonato de sódio

2 mexericas (raspas e suco)

½ xícara de leite vegetal

½ xícara de óleo de girassol ou óleo de coco derretido

Muffins de framboesa e amora

(SEM AÇÚCAR)

 15 minutos | Forno: 25 minutos   **10-12 unidades**   **Fácil**

1. Triture as tâmaras (sem caroço e cortadas em pedaços) por alguns segundos; adicione a farinha de aveia e ½ xícara de farinha de espelta e volte a triturar até obter uma mistura fina (use um processador).

2. Transfira para uma vasilha e junte a farinha restante, a farinha de linhaça, o sal, a canela, o fermento, o bicarbonato e as raspas de limão.

3. À parte, em um copo alto, misture o leite, o azeite e 1 colher (sopa) de suco de limão. Despeje na vasilha das farinhas e mexa por 1 minuto para incorporar bem.

4. Junte as framboesas e as amoras e envolva com cuidado.

5. Unte fôrmas de muffin ou forre-as com forminhas de papel e encha até ⅔ com a massa.

6. Leve ao forno preaquecido a 180 °C por cerca de 25 minutos (verifique o ponto espetando no centro de um dos muffins um palito, que deverá sair seco). Coloque os muffins sobre uma grade de resfriamento.

NOTA: Se preferir, triture as tâmaras com o leite (use o mixer) e adicione-as no ponto 3 da receita. Para a versão sem glúten, substitua a farinha de espelta por 1 xícara de farinha de arroz integral e ½ xícara de fubá e junte 1 colher (sopa) de psyllium em pó na vasilha das farinhas (para ajudar a dar liga). Mantenha o restante dos ingredientes e siga o mesmo preparo.

1 ½ xícara de tâmaras secas (200 g, sem caroço)

½ xícara de farinha de aveia ou de aveia em flocos

1 ½ xícara de farinha de espelta ou de trigo

1 colher (sopa) de farinha de linhaça

uma pitada de sal

1 colher (chá) de canela em pó

2 colheres (chá) de fermento químico em pó

1 colher (café) de bicarbonato de sódio

½ limão-siciliano (raspas e suco)

1 ¼ xícara de leite vegetal

6 colheres (sopa) de azeite ou óleo de coco derretido

⅓ de xícara de framboesas

⅓ de xícara de amoras silvestres ou mirtilos

Pastéis, croissants e pães doces

Pastéis de nata

 20 minutos | Forno: 15 minutos   **10-12 unidades**   **Médio**

1. Abra a massa, dobre-a (pela parte menos longa, se for retangular), forme um rolo apertado e corte-o em pedaços com 2 a 3 cm. Coloque cada pedaço em uma forminha de metal, com a parte do corte voltada para cima. Umedeça o polegar com água e pressione a massa, puxando-a para os lados e para cima, forrando a fôrma até as bordas. Repita a operação. Reserve na geladeira.

2. Prepare o recheio: Em uma panela, misture o açúcar, a água, o pau de canela e a casca de limão. Leve ao fogo para ferver por 3 minutos ou até o açúcar se dissolver.

3. À parte, dissolva bem o amido e o fubá em um pouco de leite frio e coloque na panela. Junte o restante do leite, o extrato de baunilha (se for usar) e o açafrão (para dar cor) e leve ao fogo brando por 8 minutos ou até engrossar, sem parar de mexer. Em seguida, retire do fogo e descarte o pau de canela e a casca de limão.

4. Misture de imediato o creme vegetal e a manteiga e mexa energicamente para obter um creme liso (se tiver grumos, passe em um coador).

5. Distribua o creme pelas forminhas, enchendo-as quase até o topo, e coloque uma gota de xarope de agave por cima (ajuda a tostar). Coloque as forminhas em uma assadeira.

6. Leve ao forno preaquecido a 240 °C por 10 minutos (sem circulação de ar), na prateleira do meio; aumente para 270 °C e transfira para a prateleira superior por mais 5 a 10 minutos, para os pastéis dourarem no topo (cuidado para não queimarem). Deixe esfriar um pouco, desenforme com cuidado (use a ponta de uma faca) e coloque os pastéis sobre a grade de resfriamento. Pincele o topo com xarope de agave para um efeito brilhante. Sirva polvilhados com canela em pó.

NOTA: Para a versão sem glúten, use massa folhada sem glúten (100% vegetal).

1 massa folhada retangular ou 2 redondas (100% vegetal)

½ xícara de açúcar demerara

¼ de xícara de água

1 pau de canela

1 limão-siciliano (cascas)

2 colheres (sopa) de amido de milho

2 colheres (sopa) de fubá

1 xícara de leite vegetal

½ colher (café) de extrato de baunilha (opcional)

uma pitada de açafrão

125 ml de creme vegetal para chantili

1 colher (sopa) de manteiga vegetal

2 colheres (sopa) de xarope de agave ou calda de açúcar (para pincelar)

canela em pó (para servir)

Uma adaptação dos icônicos pastéis de nata portugueses. Preparados a altas temperaturas, ficam crocantes por fora e cremosos por dentro.

Pastéis de nata de amêndoas

 20 minutos | Forno: 20 minutos   10-12 unidades   Médio

1. Siga a receita dos pastéis de nata (p. 54) até o passo 4.

2. Junte as amêndoas raladas no preparado e misture bem.

3. Distribua o creme pelas forminhas, enchendo-as quase até o topo. Disponha as amêndoas em tirinhas por cima. Coloque as forminhas na assadeira.

4. Leve ao forno preaquecido a 240 °C (sem circulação de ar), na prateleira do meio, por cerca de 20 minutos ou até que os pastéis fiquem dourados. Deixe esfriar um pouco, desenforme com cuidado (use a ponta de uma faca) e coloque os pastéis sobre uma grade de resfriamento. Pincele o topo com xarope de agave para um efeito brilhante. Sirva polvilhados com canela em pó.

Usar os ingredientes da página 54 e ainda:

3 colheres (sopa) de amêndoas raladas (sem pele)

3 colheres (sopa) de amêndoas cortadas em tirinhas

Pastéis de nata de manteiga de amendoim

 20 minutos | Forno: 15 minutos   10-12 unidades   Médio

1. Siga a receita dos pastéis de nata (p. 54) até o passo 4.

2. Distribua o creme pelas forminhas, enchendo-as quase até o topo. Coloque uma gota de xarope de agave por cima (vai ajudar a tostar). Distribua as forminhas na assadeira.

3. Leve ao forno preaquecido a 240 °C por 10 minutos (sem circulação de ar), na prateleira do meio; aumente para 270 °C e transfira a assadeira para a prateleira superior por mais 5 a 10 minutos, para os pastéis dourarem (cuidado para não deixar queimar a massa). Deixe esfriar um pouco, desenforme com cuidado (use a ponta de uma faca) e coloque os pastéis sobre uma grade de resfriamento. Pincele o topo com xarope de agave para um efeito brilhante. Sirva polvilhados com canela em pó.

Usar os ingredientes da página 54, substituindo a manteiga vegetal por 3 colheres (sopa) de manteiga de amendoim (cremosa)

Qual prefere? Pastel de nata simples, de chocolate, de manteiga de amendoim, de amêndoa ou de frutas vermelhas? Prepare uma fornada com diferentes variantes e eleja o seu pastel de nata vegano preferido!

Pastéis de nata de frutas vermelhas

 **25 minutos** | Forno: 15 minutos   **10-12 unidades**   **Médio**

1. Siga a receita dos pastéis de nata (p. 54) até o passo 4.

2. Coloque uma colherinha da geleia de frutas vermelhas no fundo e ao centro da massa, em cada forminha. Em seguida, sobreponha o creme, enchendo-as quase até o topo. Disponha 1 framboesa e 2 mirtilos por cima do creme, afundando-os ligeiramente. Coloque uma gota de xarope de agave por cima (vai ajudar a tostar). Coloque as forminhas na assadeira.

3. Leve ao forno preaquecido a 240 °C por 10 minutos (sem circulação de ar), na prateleira do meio; aumente para 270 °C e transfira a assadeira para a prateleira superior por mais 5 a 10 minutos, para os pastéis dourarem (cuidado para não deixar queimar a massa). Deixe esfriar um pouco, desenforme com cuidado (use a ponta de uma faca) e coloque os pastéis sobre uma grade de resfriamento. Pincele o topo com xarope de agave para um efeito brilhante. Sirva polvilhados com canela em pó.

Usar os ingredientes da página 54 e ainda:

3 colheres (sopa) de geleia de frutas vermelhas

10 a 12 framboesas

½ xícara de mirtilos

Pastéis de nata de chocolate

 25 minutos | Forno: 15 minutos   **10-12 unidades**   **Médio**

Usar os ingredientes da página 54 e ainda:

CREME DE CHOCOLATE

60 ml de creme vegetal para chantili

1 colher (sopa) de açúcar demerara (opcional)

100 g de chocolate culinário (100% vegetal)

1. Siga a receita dos pastéis de nata (p. 54) até o passo 4.

2. Prepare o creme de chocolate: Aqueça o creme e o açúcar (se for usar) em fogo brando até este se dissolver. Retire do fogo, junte o chocolate (partido em pedaços) e mexa com uma espátula até derreter completamente. Deixe esfriar um pouco.

3. Coloque uma colherinha de creme de chocolate no fundo e ao centro da massa em cada forminha. Em seguida, sobreponha o creme, enchendo-as quase até o topo. Coloque uma gota de xarope de agave por cima (vai ajudar a tostar). Reserve o restante do creme de chocolate.

4. Leve ao forno preaquecido a 240 °C por 10 minutos (sem circulação de ar), na prateleira do meio; aumente para 270 °C e transfira a assadeira para a prateleira superior por mais 5 a 10 minutos, para os pastéis dourarem (cuidado para não deixar queimar a massa). Deixe esfriar um pouco, desenforme com cuidado (use a ponta de uma faca) e coloque os pastéis sobre uma grade de resfriamento. Coloque um pouco de creme de chocolate no topo, se desejar, e pincele com xarope de agave para um efeito brilhante. Sirva polvilhados com canela em pó.

NOTA: O creme de chocolate pode ser substituído por 5 colheres (sopa) de creme de avelã e chocolate (100% vegetal); se for muito espesso, misture-o com um pouco de leite vegetal.

Queijadinhas de laranja

(SEM GLÚTEN)

 20 minutos | Forno: 20 minutos   **6-8 unidades**   **Fácil**

2 laranjas (raspas e suco)
1 xícara de açúcar demerara
½ xícara de amido de milho
½ xícara de fubá ou
de farinha de arroz integral
1 ½ xícara de leite vegetal
uma pitada de sal
1 colher (sopa) de azeite
canela em pó (para polvilhar)

1. Extraia as raspas de 1 laranja e o suco das 2 laranjas (cerca de ½ xícara).

2. Em uma panela, junte o suco, as raspas e o açúcar e, mexendo, deixe ferver por 3 minutos ou até o açúcar se dissolver.

3. À parte, dissolva bem o amido e a farinha com um pouco de leite frio, mexendo com um fouet. Acrescente ao suco da panela e junte o leite restante, o sal e o azeite. Mexa por cerca de 8 minutos ou até engrossar.

4. Unte forminhas de cupcakes com óleo e polvilhe com farinha (se for usar fôrmas de silicone, isso não é necessário). Encha de imediato as forminhas com o preparado.

5. Leve ao forno preaquecido a 180 °C, por 20 a 25 minutos. Retire e desenforme depois de esfriar. Pincele o topo com azeite para um efeito mais brilhante. Sirva com canela em pó.

Bolos de arroz

 35 minutos | Forno: 25 minutos   **8 unidades**   Médio

1. Em uma vasilha, misture a manteiga amolecida, o leite e 1 colher (sopa) do suco de limão; junte a farinha de linhaça e bata energicamente. Adicione o açúcar (peneirado), as farinhas, o sal, o fermento e as raspas de limão, batendo entre cada adição.

2. Forre uma assadeira com papel-manteiga e disponha aros metálicos nº 6 com 6 cm de altura e 4 cm de diâmetro. Corte tiras de papel-manteiga (com cerca de 6 x 21 cm) e coloque-as no interior dos aros. Despeje a massa enchendo os aros até ¾ da capacidade e polvilhe com açúcar.

3. Leve ao forno preaquecido a 180 °C, por cerca de 25 minutos (verifique o ponto espetando no centro do bolo um palito, que deverá sair seco). Deixe esfriar e desenforme, mantendo a fita de papel.

NOTA: Use aros próprios para bolos de arroz (ou para empratamento), com cerca de 6 cm de diâmetro e 6 cm de altura. Você também pode usar canecas de diâmetro idêntico; nesse caso, forre as paredes com a tira de papel-manteiga e recorte também um círculo de papel para o fundo da caneca, de modo a ser mais fácil desenformar. Para a versão sem glúten, substitua a farinha de trigo por ½ xícara de fubá e ½ xícara de fécula de batata e acrescente 1 colher (sopa) de psyllium em pó (para ajudar a dar liga). Mantenha o restante dos ingredientes e siga o mesmo preparo.

100 g de manteiga vegetal
½ xícara de leite vegetal
1 limão-siciliano (raspas e suco)
1 colher (sopa) de farinha de linhaça
1 xícara de açúcar demerara + um pouco para polvilhar
1 xícara de farinha de arroz integral
1 xícara de farinha de trigo ou de espelta
uma pitada de sal
2 colheres (chá) de fermento químico em pó

Pastéis de Tentúgal
(COM CREME DE ABÓBORA)

 20 minutos | Forno: 20 minutos   **10 unidades**   **Médio**

15 folhas de massa filo

½ xícara de azeite ou manteiga vegetal derretida (para pincelar)

uma pitada de açafrão

açúcar e canela em pó (para polvilhar)

RECHEIO
(CREME DE ABÓBORA)

1 xícara de açúcar demerara

½ xícara de água

1 limão-siciliano (cascas)

1 xícara de abóbora cozida e reduzida a purê (250 g)

3 colheres (sopa) de amido de milho

1 colher (sopa) de fubá ou de farinha de grão-de-bico ou de tremoço

uma pitada de sal

2 colheres (chá) de suco de limão-siciliano

2 colheres (sopa) de manteiga vegetal

1. Mantenha a massa filo na geladeira até o momento de usar.

2. Prepare o creme: Em uma panela, misture o açúcar, a água e a casca de limão e leve ao fogo para ferver por 3 minutos ou até o açúcar se dissolver. À parte, misture o purê de abóbora, o amido, a farinha e o sal, mexendo energicamente para não fazer grumos. Coloque na panela com o suco e mexa até engrossar. Retire do fogo, descarte a casca de limão e misture o suco e a manteiga, envolvendo bem. Reserve e deixe esfriar.

3. Abra as folhas de massa, dobre-as e corte-as ao meio (use uma faca afiada ou tesoura) – vai obter 30 retângulos. Pincele generosamente 3 retângulos de massa com azeite e sobreponha-os. Coloque 2 colheradas do recheio na extremidade da massa (na parte menos longa, sem chegar às bordas) e enrole formando um charuto. Revire as pontas para cima. Repita o processo para as folhas restantes.

4. Coloque os pastéis em uma assadeira forrada com papel-manteiga, espaçados uns dos outros; pincele o topo com azeite e polvilhe com o açafrão.

5. Leve ao forno preaquecido a 170 °C por cerca de 20 minutos ou até dourar. Coloque os pastéis sobre uma grade de resfriamento, para que se mantenham crocantes. Sirva-os polvilhados com açúcar ou canela em pó.

NOTA: Para a versão sem glúten, use massa filo sem glúten ou massa podre sem glúten (100% vegetal); nesse caso, prepare os pastéis apenas com uma camada de massa ou em formato de almofadinhas.

Mil-folhas

 **30 minutos** | Forno: 10 minutos   **4 unidades**   Difícil

1 massa folhada retangular (100% vegetal)

2 colheres (sopa) de água (para pincelar)

1 colher (sopa) de açúcar demerara (para polvilhar)

CREME

½ xícara de açúcar demerara

¼ de xícara de água

3 colheres (sopa) de amido de milho

1 colher (sopa) de fubá

1 xícara de leite vegetal

1 limão-siciliano (cascas)

1 colher (café) de extrato de baunilha (opcional)

uma pitada de sal

uma pitada de açafrão

2 colheres (sopa) de creme de soja

1 colher (sopa) de manteiga vegetal

COBERTURA

1 a 2 colheres (sopa) de água

½ xícara de açúcar de confeiteiro

20 g de chocolate culinário (100% vegetal)

1. Em uma superfície de trabalho, abra a massa folhada sobre o papel-manteiga. Divida-a em 3 partes iguais no sentido do comprimento e corte-a (com uma faca afiada) de forma a obter 3 tiras de massa. Pincele o topo da massa com água, fure ligeiramente com um garfo e polvilhe com açúcar. Transfira para um assadeira forrada com papel-manteiga e coloque por cima outra folha de papel-manteiga.

2. Leve ao forno preaquecido a 200 °C por 10 a 15 minutos e vire a massa na metade do tempo (pode colocar uma grelha por cima para fazer peso e impedir que a massa insufle muito).

3. Prepare o creme: Em uma panela, misture o açúcar e a água, leve ao fogo e deixe ferver por 3 minutos ou até o açúcar se dissolver. À parte, misture o amido e o fubá em um pouco de leite frio e mexa energicamente para não fazer grumos. Acrescente a mistura à panela, junte o leite restante, as cascas de limão, o extrato de baunilha (se for usar), o sal e o açafrão e mexa até engrossar. Retire do fogo, descarte a casca de limão e misture o creme de soja e a manteiga, envolvendo bem. Reserve e deixe esfriar.

4. Monte os mil-folhas. Corte cada tira de massa em 4 partes exatamente iguais. Use um retângulo de massa como base e passe uma camada de creme; sobreponha o segundo retângulo de massa e passe mais creme; cubra com o terceiro retângulo de massa e reserve. Repita a operação com a massa restante.

5. Prepare a cobertura: Misture a água, aos poucos, no açúcar de confeiteiro, mexendo vigorosamente para obter uma consistência pastosa. À parte, derreta o chocolate em banho-maria.

6. Espalhe uma camada fina da pasta de açúcar no topo dos doces e deixe secar. Adicione o chocolate derretido formando linhas (use a ponta de um palito para criar o efeito riscado, fazendo movimentos para a frente e para trás). Reserve.

NOTA: Para a versão sem glúten, use massa folhada sem glúten (100% vegetal).

Argolinhas

 **40 minutos** | Descanso: 1h30   **20 unidades**   **Difícil**

1. Aqueça o leite até ficar morno; junte 1 colher de açúcar e misture bem com o fermento. Cubra e deixe repousar por 5 minutos para ativar o fermento (vai formar bolhinhas).

2. Em uma vasilha, misture as farinhas (no total, 500 g), o restante do açúcar, o glúten, o sal e o açafrão; junte a manteiga e o iogurte e envolva até obter uma massa areada. Abra um buraco no centro, adicione a mistura do leite com o fermento e amasse até obter uma bola que se desgruda da tigela. Se necessário, adicione mais um pouco de farinha.

3. Cubra com um pano e deixe descansar por 1 a 2 horas em local sem corrente de ar (ou dentro do forno até 30 °C).

4. Coloque a massa em uma superfície de trabalho, sobre uma folha de papel-manteiga; abra-a com um rolo e forme um retângulo com 1 cm de espessura. Corte as argolinhas, usando um cortador próprio ou improvisando com um copo para o diâmetro exterior e o bocal de uma garrafa para o interior. Reúna os restos da massa, volte a abrir e corte mais argolinhas.

5. Disponha as argolinhas em uma assadeira forrada com papel-manteiga, espaçadas entre si; cubra e deixe descansar por mais 30 minutos (a massa deve aumentar de volume, mas manter o formato; não deixe crescer em excesso).

6. Frite em óleo quente por cerca de 1 minuto de cada lado, virando com cuidado com uma espátula. Vá colocando as argolinhas fritas sobre uma grade de resfriamento. Em alternativa, leve ao forno preaquecido a 180 °C por 10 minutos.

7. Decore o topo das argolinhas com a sua cobertura preferida ou polvilhe com açúcar. Para o glacê, misture os ingredientes pela ordem apresentada e leve ao fogo por 5 minutos até engrossar; use-o morno. Para a cobertura de chocolate, derreta os ingredientes em banho-maria até obter um creme (adoce se quiser). Para a cobertura de manteiga de amendoim, misture bem todos os ingredientes.

1 xícara de leite vegetal
½ xícara de açúcar demerara
11 g de fermento biológico seco ou 23 g de fermento biológico fresco
3 xícaras de farinha de trigo ou de espelta
½ xícara de farinha integral de trigo ou de espelta
1 colher (sopa) de glúten de trigo (opcional)
1 colher (chá) de sal
uma pitada de açafrão
½ xícara de manteiga vegetal ou óleo de coco derretido
125 g de iogurte natural de soja
óleo para fritar

COBERTURA DE "GLACÊ"
3 colheres (sopa) de xarope de agave
2 colheres (sopa) de amido de milho
¾ de xícara de água
1 colher (sopa) de manteiga vegetal

COBERTURA DE CHOCOLATE
50 g de chocolate culinário (100% vegetal)
2 colheres (sopa) de creme de soja ou 1 colher (sopa) de manteiga vegetal

COBERTURA DE MANTEIGA DE AMENDOIM
2 colheres (sopa) de manteiga de amendoim (cremosa)
2 colheres (sopa) de xarope de agave
1 colher (sopa) de leite vegetal

Sonhos recheados

 40 minutos | Descanso: 1h30   **6-8 unidades**   **Difícil**

1. Aqueça o leite até ficar morno; junte 1 colher de açúcar e misture bem com o fermento. Cubra com um pano e deixe repousar por 5 minutos para ativar o fermento (vai formar bolhinhas).

2. Em uma vasilha, misture as farinhas, o açúcar restante, o sal, a farinha de linhaça e as raspas de limão; junte a manteiga e envolva bem até obter uma massa areada. Abra um buraco no centro, adicione a mistura do leite com o fermento e sove até obter uma bola que se desgruda da tigela. Se necessário, adicione mais um pouco de farinha.

3. Cubra com um pano e deixe descansar por 1 hora em um local protegido de corrente de ar (ou dentro do forno até 30 °C).

4. Retire a massa da vasilha, sove-a um pouco e molde 6 a 8 bolinhas de tamanho idêntico. Disponha-as em uma assadeira forrada com papel-manteiga, cubra com um pano e deixe descansar por mais 30 minutos (a massa deve aumentar de volume, mas manter o formato; não deixe crescer em excesso).

5. Aqueça o óleo e frite as bolas em fogo médio com delicadeza, por cerca de 3 minutos, sem deixar queimar. Retire-as para um prato com papel-toalha e, ainda quentes, envolva-as em açúcar e canela.

6. Prepare o recheio: Em uma panela pequena, leve ao fogo o açúcar com a água e deixe ferver por 3 minutos. Dissolva bem o amido e o fubá em um pouco de leite frio; junte na panela o restante do leite, a casca de limão e o açafrão (para dar cor) e mexa até engrossar. Retire do fogo e misture a manteiga.

7. Faça um corte (não muito profundo) em cada sonho e recheie com o creme ainda morno.

1 xícara de leite vegetal
4 a 6 colheres (sopa) de açúcar demerara
5 g de fermento biológico seco ou 12 g de fermento biológico fresco
2 xícaras de farinha de trigo ou de espelta
½ xícara de farinha de trigo integral ou de espelta
uma pitada de sal
1 colher (sopa) de farinha de linhaça
½ limão-siciliano (raspas)
2 colheres (sopa) de manteiga vegetal ou azeite
óleo para fritar
açúcar demerara e canela em pó (para polvilhar)

RECHEIO

½ xícara de açúcar
¼ de xícara de água
3 colheres (sopa) de amido de milho
1 colher (sopa) de fubá
1 xícara de leite vegetal
1 limão-siciliano (cascas)
uma pitada de açafrão
1 colher (sopa) de manteiga vegetal

Pão de Deus

 30 minutos | Descanso: 1h30 | Forno: 18 minutos  **6 unidades**   **Médio**

1 xícara de leite vegetal

4 a 6 colheres (sopa) de açúcar demerara

5 g de fermento biológico seco ou 12 g de fermento biológico fresco

2 xícaras de farinha de trigo ou de espelta

½ xícara de farinha de trigo integral ou de espelta

uma pitada de sal

1 colher (sopa) de farinha de linhaça

½ limão-siciliano (raspas)

2 colheres (sopa) de manteiga vegetal ou azeite

COBERTURA

4 colheres (sopa) de açúcar demerara

2 colheres (sopa) de água

2 colheres (sopa) de amido de milho

1 xícara de leite vegetal

1 limão-siciliano (cascas)

uma pitada de açafrão

8 colheres (sopa) de coco ralado + um pouco para polvilhar

1 colher (sopa) de xarope de agave (opcional; para pincelar)

1. Aqueça o leite até ficar morno; junte 1 colher de açúcar e misture bem com o fermento. Cubra com um pano e deixe repousar por 5 minutos para ativar o fermento (vai formar bolhinhas).

2. Em uma vasilha, coloque as farinhas, o restante do açúcar, o sal, a farinha de linhaça e as raspas de limão; junte a manteiga e misture bem até obter uma massa areada. Abra um buraco no centro, adicione a mistura do leite com o fermento e sove até obter uma bola que se desgruda da tigela. Se necessário, adicione mais um pouco de farinha.

3. Cubra com um pano e deixe descansar por 1 hora em local protegido de correntes de ar (ou dentro do forno até 30 °C).

4. Retire, sove um pouco e molde 6 bolinhas de tamanho idêntico. Disponha-as em uma assadeira forrada com papel-manteiga, cubra e deixe descansar por mais 30 minutos (a massa deve aumentar de volume, mas manter o formato; não deixe crescer em excesso).

5. Prepare a cobertura: Em uma panela pequena, leve o açúcar com a água ao fogo e deixe ferver por 3 minutos. Dissolva bem o amido em um pouco de leite frio; junte à panela com o restante do leite, as cascas do limão e o açafrão (para dar cor) e mexa até engrossar. Por fim, misture o coco e retire do fogo.

6. Coloque uma colherada da cobertura no topo de cada bolinha, espalhe e polvilhe com um pouco de coco ralado.

7. Leve ao forno preaquecido a 180 °C por cerca de 18 minutos. Coloque os pães sobre uma grade de resfriamento. Se desejar, pincele com xarope de agave para um efeito mais brilhante.

Sirva puro ou com geleia.

Pão de leite

 30 minutos | Descanso: 1h30 | Forno: 20 minutos   **12 unidades**   **Médio**

1 xícara de leite vegetal

4 colheres (sopa) de açúcar demerara ou açúcar de coco

11 g de fermento biológico seco ou 23 g tabletes de fermento biológico fresco

3 xícaras de farinha de trigo ou de espelta

½ xícara de farinha de aveia

1 colher (chá) de sal

uma pitada de açafrão + um pouco para polvilhar (opcional)

4 colheres (sopa) de manteiga vegetal ou óleo de coco derretido

125 g de iogurte natural de soja

2 colheres (sopa) de xarope de agave (opcional; para pincelar)

sementes de gergelim ou de papoula (para polvilhar)

1. Aqueça o leite até ficar morno; junte 1 colher de açúcar e misture bem com o fermento. Cubra com um pano e deixe repousar por 5 minutos para ativar o fermento (vai formar bolhinhas).

2. Em uma vasilha, coloque as farinhas (no total, 500 g), o restante do açúcar, o sal e o açafrão; junte a manteiga e o iogurte e misture bem até obter uma massa areada. Abra um buraco no centro, adicione a mistura do leite com o fermento e amasse até obter uma bola que se desgruda da tigela. Se necessário, adicione mais um pouco de farinha.

3. Cubra com um pano e deixe descansar por 1 a 2 horas em local protegido de corrente de ar (ou dentro do forno até 30 °C).

4. Coloque a massa em uma superfície de trabalho, sobre uma folha de papel-manteiga; abra-a com um rolo e forme um retângulo. Enrole desde a parte mais longa e corte 12 pedaços.

5. Disponha os pãezinhos em uma fôrma retangular forrada com papel-manteiga (ou em 2 fôrmas de bolo inglês), encostados uns aos outros, com a parte do corte voltada para as paredes da fôrma. Cubra e deixe descansar por mais 30 a 40 minutos (a massa deve aumentar de volume, mas manter o formato; não deixe crescer em excesso). Pincele o topo com xarope de agave e polvilhe com açafrão, se desejar, e com as sementes de gergelim.

6. Leve ao forno preaquecido a 180 °C por cerca de 20 minutos. Coloque os pães sobre uma grade de resfriamento.

Sirva puro ou com geleia, creme de avelã e chocolate ou manteiga de amendoim.

Croissants

(TIPO BRIOCHE)

 40 minutos | Descanso: 1h30 | Forno: 15 minutos   **10 unidades**   **Difícil**

1. Aqueça o leite até ficar morno; junte 1 colher de açúcar e misture bem com o fermento. Cubra com um pano e deixe repousar por 5 minutos para ativar o fermento (vai formar bolhinhas).

2. Em uma vasilha, coloque as farinhas (no total, 500 g), o restante do açúcar, o sal e o açafrão; junte a manteiga e o iogurte e misture bem até obter uma massa areada. Abra um buraco no centro, adicione a mistura do leite com o fermento e amasse até obter uma bola que se desgruda da tigela. Se necessário, adicione mais um pouco de farinha.

3. Cubra com um pano e deixe descansar por 1 a 2 horas em local protegido de corrente de ar (ou dentro do forno até 30 °C).

4. Coloque a massa em uma superfície de trabalho, sobre uma folha de papel-manteiga; abra-a com o rolo e forme um retângulo comprido. Corte a massa em 5 tiras iguais no sentido da parte menos longa e volte a cortar na diagonal, formando 10 triângulos. Faça um pequeno corte na base de cada triângulo (ao centro, para alargar) e enrole desde a base até a ponta, formando um croissant (pode curvá-lo ligeiramente em forma de meia-lua); repita a operação para o restante da massa. Se desejar os croissants recheados, coloque 1 colher (sobremesa) de geleia de morango ou de creme de avelã e chocolate em cada triângulo de massa antes de enrolar.

5. Disponha-os em uma assadeira forrada com papel-manteiga, espaçados entre si; cubra e deixe descansar por mais 30 a 40 minutos (a massa deve aumentar de volume, mas manter o formato; não deixe crescer em excesso). Pincele o topo com xarope de agave, se desejar.

6. Leve ao forno preaquecido a 180 °C por 15 a 18 minutos. Retire e coloque os croissants sobre uma grade de resfriamento. Volte a pincelar o topo com xarope de agave para um efeito mais brilhante e, se desejar, polvilhe com as amêndoas raladas.

½ xícara de leite vegetal

4 colheres (sopa) de açúcar demerara

11 g de fermento biológico seco ou 23 g de fermento biológico fresco

3 xícaras de farinha de trigo ou de espelta

½ xícara de farinha de trigo integral ou de espelta

1 colher (chá) de sal

uma pitada de açafrão

½ xícara de manteiga vegetal ou óleo de coco derretido

125 g iogurte natural de soja

2 colheres (sopa) de xarope de agave (opcional; para pincelar)

2 colheres (sopa) de amêndoas raladas (opcional; para polvilhar)

RECHEIO (OPCIONAL)

4 colheres (sopa) de geleia de morango

4 colheres (sopa) de creme de avelã e chocolate (100% vegetal)

Folar

 30 minutos | Descanso: 1h30 | Forno: 20 minutos   **2 unidades**   **Médio**

1. Aqueça o leite até ficar morno; junte 1 colher de açúcar e misture bem com o fermento. Cubra com um pano e deixe repousar por 5 minutos para ativar o fermento (vai formar bolhinhas).

2. Em uma vasilha, coloque as farinhas (no total, 500 g), o restante do açúcar, o sal, o açafrão, a erva-doce e a canela; junte a manteiga e o iogurte e misture bem até obter uma massa areada. Abra um buraco no centro, adicione a mistura do leite com o fermento e sove até obter uma bola que se desgruda da tigela. Se necessário, adicione mais um pouco de farinha.

3. Cubra com um pano e deixe descansar por 1 a 2 horas em local protegido de corrente de ar (ou dentro do forno até 30 °C).

4. Coloque a massa em uma superfície de trabalho, sobre uma folha de papel-manteiga e corte-a em 2 partes iguais. Retire 2 pequenas porções de massa de cada parte e reserve. Molde 2 bolas de massa com as partes maiores; com as porções pequenas de massa, faça 4 tiras finas, rolando-as na superfície de trabalho ou entre a palma das mãos.

5. Decore os folares. Coloque um pedaço de maçã cortado de forma arredondada em cima e ao centro da massa, afundando-o ligeiramente. Entrelace 2 tiras de massa e coloque-as ao redor da maçã ou cruze-as por cima do folar. Pincele com o xarope de agave e salpique com açafrão, se desejar.

6. Transfira para 2 fôrmas redondas ou coloque em uma assadeira forrada com papel-manteiga; cubra e deixe descansar por mais 30 minutos (a massa deve aumentar de volume, mas manter o formato; não deixe crescer em excesso).

7. Leve ao forno preaquecido a 180 °C por cerca de 20 minutos. Coloque o folar sobre uma grade de resfriamento.

1 xícara de leite vegetal

½ xícara de açúcar demerara

10 g de fermento biológico seco ou 23 g tabletes de fermento biológico fresco

3 xícaras de farinha de trigo ou de espelta

½ xícara de farinha de aveia

1 colher (chá) de sal

uma pitada de açafrão + um pouco para polvilhar (opcional)

1 colher (chá) de erva-doce em pó

½ colher (chá) de canela em pó

4 colheres (sopa) de manteiga vegetal ou óleo de coco derretido

125 g de iogurte natural de soja

1 maçã (para decorar)

2 colheres (sopa) de xarope de agave (opcional; para pincelar)

Coroa de chocolate

 30 minutos | Descanso: 1h30 | Forno: 25 minutos  **1 unidade**   **Difícil**

1. Aqueça o leite até ficar morno; junte 1 colher de açúcar e misture bem com o fermento. Cubra com um pano e deixe descansar por 5 minutos para ativar o fermento (vai formar bolhinhas).

2. Em uma vasilha, coloque as farinhas (no total, 500 g), o restante do açúcar, o sal, a canela e o açafrão; junte a manteiga e o iogurte e misture bem até obter uma massa areada. Abra um buraco no centro, adicione a mistura do leite com o fermento e sove até obter uma bola que se desgruda da tigela. Se necessário, adicione mais um pouco de farinha.

3. Cubra com um pano e deixe descansar por 1 a 2 horas em local protegido de corrente de ar (ou dentro do forno até 30 °C).

4. Prepare o recheio: Aqueça o creme de soja e o açúcar (se for usar) em fogo brando até o açúcar dissolver. Retire do fogo, junte o chocolate (partido em pedaços) e mexa com uma espátula até incorporar completamente.

5. Coloque a massa em uma superfície de trabalho, sobre uma folha de papel-manteiga; abra-a com o rolo e forme um retângulo comprido. Acrescente o creme de chocolate e espalhe quase até as bordas; então polvilhe com a mistura das avelãs e nozes picadas. Enrole a massa a partir da parte mais longa, com a ajuda do papel-manteiga, formando um rolo comprido. Com uma faca afiada, corte o rolo de massa ao meio e entrelace as duas tiras com cuidado, deixando uma parte do recheio visível, e forme uma coroa. Transfira para uma fôrma redonda (de 24 cm) ou para uma assadeira, mantendo o papel-manteiga. Deixe descansar por mais 30 minutos. Pincele o topo com o xarope de agave e, se desejar, polvilhe com açafrão.

6. Leve ao forno preaquecido a 180 °C por 25 a 30 minutos. Coloque a coroa sobre uma grade de resfriamento.

1 xícara de leite vegetal

½ xícara de açúcar demerara

11 g de fermento biológico seco ou 23 g de fermento biológico fresco

3 xícaras de farinha de trigo ou de espelta

½ xícara de farinha de aveia

1 colher (chá) de sal

½ colher (chá) de canela em pó

uma pitada de açafrão + um pouco para polvilhar

4 colheres (sopa) de manteiga vegetal ou óleo de coco derretido

125 g de iogurte natural de soja

2 colheres (sopa) de xarope de agave (opcional; para pincelar)

RECHEIO

4 colheres (sopa) de creme de soja ou manteiga vegetal

2 colheres (sopa) de açúcar demerara (opcional)

200 g de chocolate culinário (100% vegetal)

½ xícara de avelãs e nozes picadas

Panetone

 15 minutos | Descanso: 1 hora | Forno: 30 minutos   **1 unidade**   **Médio**

¾ de xícara de leite vegetal

4 a 6 colheres (sopa) de açúcar demerara

5 g de fermento biológico seco ou 12 g de fermento biológico fresco

2 xícaras de farinha de trigo ou de espelta

½ xícara de farinha integral de trigo ou de espelta

1 colher (café) de sal

uma pitada de canela em pó

uma pitada de açafrão

1 colher (sopa) de farinha de linhaça

1 colher (sopa) de psyllium em pó (opcional)

1 laranja (raspas)

4 colheres (sopa) de manteiga vegetal ou óleo de coco derretido

125 g de iogurte natural de soja

1 xícara de uvas-passas

½ xícara de frutas cristalizadas ou cranberries desidratadas

3 damascos secos

3 ameixas secas

1. Aqueça o leite até ficar morno; junte 1 colher de açúcar e misture bem com o fermento. Cubra com um pano e deixe repousar por 5 minutos para ativar o fermento (vai formar bolhinhas).

2. Em uma vasilha, coloque as farinhas, o restante do açúcar, o sal, a canela, o açafrão, a farinha de linhaça, o psyllium (se for usar) e as raspas de laranja; junte a manteiga e o iogurte e envolva bem até obter uma massa areada. Abra um buraco no centro, acrescente a mistura do leite com o fermento e amasse até obter uma bola que se desgruda da tigela. Junte as frutas finamente picadas e misture bem. Se necessário, adicione mais um pouco de farinha.

3. Unte e forre com papel-manteiga uma fôrma redonda e alta (de 13 a 15 cm). Transfira a massa. Cubra e deixe descansar por 1 a 2 horas em um local protegido de corrente de ar (ou dentro do forno até 30 °C).

4. Leve ao forno preaquecido a 180 °C por cerca de 30 minutos. Coloque o panetone sobre uma grade de resfriamento.

NOTA: Se não tiver uma fôrma de panetone, use uma panela de 15 cm de diâmetro adequada para ir ao forno. Para a versão sem glúten, substitua as farinhas de trigo por 1½ xícara de farinha de aveia, ½ xícara de farinha de arroz integral e ½ xícara de fécula de batata. Siga a receita normalmente usando os demais ingredientes.

Bolo-rei

(SEM GLÚTEN E SEM AÇÚCAR)

 20 minutos | Descanso: 1h30 | Forno: 25 minutos   1 unidade   Médio

1. Aqueça o leite até ficar morno; junte 1 colher de xarope de agave e misture bem com o fermento. Cubra com um pano e deixe repousar por 5 minutos para ativar o fermento (vai formar bolhinhas).

2. Em uma vasilha, coloque as farinhas, a fécula de batata, o restante do xarope de agave, o sal, a canela, o açafrão, o psyllium (se for usar) e as raspas de laranja e de limão; junte a manteiga, o vinho do Porto e o iogurte e misture bem até obter uma massa areada. Abra um buraco no centro, acrescente a mistura do leite com o fermento e sove até obter uma bola que se desgruda da tigela. Se necessário, adicione mais um pouco de farinha.

3. Cubra com um pano e deixe descansar por 1 a 2 horas em um local protegido de corrente de ar (ou dentro do forno até 30 °C).

4. Abra a massa com as mãos e junte todas as frutas secas finamente picadas (reserve algumas inteiras para decorar), envolvendo com cuidado. Forre uma assadeira ou fôrma com papel-manteiga. Transfira a massa, abra um buraco no meio e modele em forma de coroa. Decore com as frutas reservadas, pressionando-as na massa, e pincele com xarope de agave. Cubra e deixe descansar por mais 30 minutos.

5. Leve ao forno preaquecido a 180 °C por 25 a 30 minutos. Deixe esfriar e desenforme. Decore com o coco ralado e as lascas de coco.

NOTA: O xarope de agave pode ser substituído por açúcar demerara. Se preferir, substitua as farinhas de aveia, de arroz e de fécula por 2 xícaras de farinha de trigo ou de espelta e ½ xícara de farinha de trigo integral ou de espelta integral, mantendo os ingredientes restantes e passos da receita; nesse caso, o bolo-rei terá glúten.

¾ de xícara de leite vegetal

4 a 6 colheres (sopa) de xarope de agave + um pouco para pincelar

5 g de fermento biológico seco ou 12 g de fermento biológico fresco

1 ½ xícara de farinha de aveia (150 g)

¾ de xícara de farinha de arroz integral (100 g)

½ xícara de fécula de batata (75 g)

1 colher (café) de sal

uma pitada de canela em pó

uma pitada de açafrão

1 colher (sopa) de psyllium em pó (opcional)

1 laranja e 1 limão-siciliano (raspas)

4 colheres (sopa) de manteiga vegetal ou óleo de coco

1 colher (sopa) de vinho do Porto

125 g de iogurte natural de soja

1 xícara de mistura de nozes, amêndoas, avelãs, pinoli e pistaches

1 xícara de frutas secas (uvas, tâmaras, damascos etc.)

1 colher (sopa) de coco ralado e lascas de coco (para decorar)

Bolo-rainha rápido

(SEM AÇÚCAR)

 20 minutos | Forno: 25 minutos   **1 unidade**   **Médio**

1 xícara de tâmaras secas (140 g, sem caroço)

2½ xícaras de farinha de espelta ou de trigo

1 colher (chá) de canela em pó

2 colheres (chá) de fermento químico em pó

1 colher (café) de bicarbonato de sódio

1 limão-siciliano e 1 laranja (raspas)

6 colheres (sopa) de azeite ou óleo de coco derretido

250 g de iogurte natural de soja ou de amêndoas

1 colher (sopa) de vinho do Porto

½ xícara de mistura de nozes, amêndoas e avelãs

½ xícara de mistura de frutas secas (uva-passa, figo, cranberry, gojiberry, ameixa)

2 colheres (sopa) de xarope de agave (para pincelar)

1 colher (sopa) de coco ralado (para decorar)

1. Reserve 4 tâmaras inteiras (para decorar) e corte as restantes em pedaços. Coloque no processador as tâmaras cortadas com 1 xícara da farinha e triture por 2 minutos ou até obter uma mistura fina.

2. Passe para uma vasilha e junte o restante da farinha, a canela, o fermento, o bicarbonato e as raspas de limão e de laranja. Adicione o azeite, o iogurte e o vinho do Porto, mexendo bem para incorporar e obter uma massa maleável e elástica; se necessário, junte mais um pouco de farinha.

3. Reserve algumas nozes, amêndoas, avelãs e frutas secas para decorar; pique as restantes grosseiramente (no processador ou com uma faca afiada) e adicione-as à massa, misturando com cuidado.

4. Forre um assadeira ou fôrma com papel-manteiga. Despeje a massa, abra um buraco no meio e modele em forma de coroa. Decore com as frutas que reservou, pressionando-as na massa e pincele o topo com xarope de agave.

5. Leve ao forno preaquecido a 180 °C por cerca de 25 minutos (verifique o ponto espetando no centro da massa um palito, que deverá sair seco). Deixe esfriar e desenforme. Volte a pincelar o topo e decore com o coco ralado.

Pão de banana

(SEM AÇÚCAR)

 20 minutos | Forno: 45 minutos   10 porções   Fácil

1. Misture 2 bananas, as tâmaras (sem caroço e cortadas em pedaços), o leite, o azeite e o suco de limão; triture até obter um creme (use o liquidificador, o mixer ou o processador). Transfira para uma vasilha.

2. À parte, misture a farinha de linhaça e as sementes de chia com a água quente e mexa energicamente até formar uma goma. Adicione à vasilha do creme de banana e reserve.

3. Em outra vasilha, misture as farinhas, a canela, o fermento e o bicarbonato. Coloque o creme de banana no centro dessa mistura e misture bem com uma espátula até obter uma massa homogênea.

4. Unte uma fôrma retangular com óleo e polvilhe com farinha ou forre as paredes com papel-manteiga. Despeje a massa e alise o topo com uma espátula. Corte a banana que reservou, no sentido do comprimento, em fatias finas e disponha-as na diagonal sobre a massa. Distribua as nozes picadas e polvilhe com canela.

5. Leve ao forno preaquecido a 180 °C por cerca de 45 minutos (verifique o ponto espetando no centro um palito, que deverá sair seco). Desenforme depois de esfriar. Sirva puro ou acompanhado de compota ou manteiga.

NOTA: Para a versão sem glúten, substitua a farinha de espelta por 1 xícara de farinha de arroz integral e ½ xícara de fubá e acrescente 1 colher (sopa) de psyllium em pó na vasilha das farinhas. Mantenha o restante dos ingredientes e siga o mesmo preparo.

2 bananas pequenas e maduras + 1 para decorar

1 xícara de tâmaras secas (140 g, sem caroço)

1 xícara de leite vegetal

6 colheres (sopa) de azeite ou óleo de coco derretido

1 colher (sopa) de suco de limão-siciliano

1 colher (sopa) de farinha de linhaça

1 colher (sopa) de sementes de chia

3 colheres (sopa) de água quente

1½ xícara de farinha de espelta ou de trigo

½ xícara de farinha de aveia ou de espelta integral

1 a 2 colheres (sopa) de alfarroba em pó (opcional)

1 colher (chá) de canela em pó ou mixed spice + um pouco para polvilhar

1 colher (sopa) de fermento químico em pó

1 colher (café) de bicarbonato de sódio

2 colheres (sopa) de nozes picadas (para decorar)

Sorvetes, pudins e doces de colher

Sorvete de leite de coco com caramelo de tâmaras

(SEM GLÚTEN E SEM AÇÚCAR)

 15 minutos | Congelador: 4 horas   **6 porções**   **Muito fácil**

400 ml de leite de coco

1 banana pequena congelada

2 colheres (sopa) de óleo de coco

4 colheres (sopa) de xarope de agave

1 colher (café) de extrato de baunilha

uma pitada de sal

1 limão-siciliano ou 2 taiti (raspas e suco)

2 colheres (sopa) de xarope de tâmaras (opcional; para decorar)

CARAMELO DE TÂMARAS

3 colheres (sopa) de amêndoas torradas ou pistaches

¾ de xícara de tâmaras secas (100 g, sem caroço)

½ xícara de água morna

uma pitada de sal

1. No processador, misture o leite de coco (o creme e o líquido), a banana, o óleo de coco, o xarope de agave, o extrato de baunilha, o sal e as raspas e o suco de limão; triture na velocidade máxima até obter um creme liso. Se necessário, junte mais xarope de agave para adoçar. Transfira para um recipiente.

2. Leve ao congelador por 4 horas mexendo de vez em quando com um garfo (para quebrar os cristais de gelo e não endurecer) ou use uma máquina de sorvete.

3. Prepare o caramelo de tâmaras. No processador, triture as amêndoas até reduzi-las a pó; junte as tâmaras (sem caroço e cortadas em pedaços), a água e o sal e volte a triturar até obter uma consistência cremosa.

4. Acrescente o caramelo no recipiente do sorvete em pequenas porções, envolvendo o sorvete delicadamente. Sirva com um fio de xarope de tâmaras, se desejar.

NOTA: Use leite de coco integral; leve-o à geladeira para que se forme uma camada de creme no topo. Para variar, misture frutas da época cortadas em pedacinhos.

Sorvete de castanha-de-caju, cacau e manteiga de amendoim

(SEM GLÚTEN E SEM AÇÚCAR)

 15 minutos | Demolho: 30 minutos | Congelador: 4 horas   6 porções   Muito fácil

1. Demolhe as castanhas-de-caju (em água quente, por 30 minutos) e escorra.

2. No processador, misture as castanhas (escorridas), o leite de coco (o creme e o líquido), a manteiga de amendoim, o xarope de agave, o cacau e o sal e triture na velocidade máxima até obter um creme liso. Se necessário, junte mais xarope de agave para adoçar.

3. Transfira para um recipiente e misture o chocolate picado. Leve ao congelador por 4 horas, mexendo de vez em quando com um garfo (para quebrar os cristais de gelo e não endurecer); ou use uma máquina de sorvete. Sirva com as avelãs picadas.

NOTA: Use leite de coco integral; leve-o à geladeira para que se forme uma camada de creme no topo.

¾ de xícara de castanhas-de--caju cruas (100 g)

400 ml de leite de coco

2 colheres (sopa) de manteiga de amendoim

4 a 6 colheres (sopa) de xarope de agave

2 a 4 colheres (sopa) de cacau em pó

uma pitada de sal

20 g de chocolate culinário (100% vegetal)

2 colheres (sopa) de avelãs tostadas (para servir)

Sorvete de castanha-de-caju, limão e framboesa

(SEM GLÚTEN E SEM AÇÚCAR)

 15 minutos | Demolho: 30 minutos | Congelador: 4 horas   **6 porções**   **Muito fácil**

¾ de xícara de castanhas-de--caju cruas *(100 g)*

400 ml de leite de coco

2 colheres (sopa) de óleo de coco

4 colheres (sopa) de xarope de agave

1 colher (café) de extrato de baunilha

1 limão-siciliano ou 2 taiti (raspas e suco)

uma pitada de sal

uma pitada de açafrão (opcional)

1 xícara de framboesas (frescas ou congeladas, 125 g)

1. Demolhe as castanhas-de-caju (em água quente, por 30 minutos) e escorra.

2. No processador, misture as castanhas-de-caju (escorridas), o leite de coco (o creme e o líquido), o óleo de coco, o xarope de agave, o extrato de baunilha, as raspas de limão, 2 colheres (sopa) do suco de limão, o sal e o açafrão (se for usar); bata na velocidade máxima até obter um creme liso. Se necessário, ajuste o suco de limão ou o xarope de agave.

3. Transfira para um recipiente e misture as framboesas. Leve ao congelador por 4 horas, mexendo de vez em quando com um garfo (para quebrar os cristais de gelo e não endurecer); ou use a máquina de sorvete. Retire do congelador 10 minutos antes de servir.

NOTA: Use leite de coco integral; leve-o à geladeira para que se forme uma camada de creme no topo.

Sorvete de banana e morango

(SEM GLÚTEN E SEM AÇÚCAR)

 15 minutos | Congelador: 2 horas   **2 porções**   **Muito fácil**

6 morangos congelados

2 bananas congeladas

2 colheres (sopa) de creme de coco (a parte sólida do leite de coco refrigerado)

CALDA

4 morangos

4 colheres (sopa) de água

1 colher (sopa) de xarope de agave ou açúcar de coco

1. No processador, misture os morangos e as bananas congeladas (cortadas em rodelas) ao creme de coco; triture na velocidade máxima até obter um creme aveludado (se aderir às paredes, raspe-as e volte a bater).

2. Sirva de imediato ou transfira para um recipiente e leve ao congelador por 2 a 4 horas, mexendo de vez em quando com um garfo (para quebrar os cristais de gelo e não endurecer).

3. Prepare a calda: Corte os morangos em lâminas e leve ao fogo em uma panela com a água e o xarope de agave. Deixe ferver por 5 minutos, amasse e deixe esfriar. Retire o sorvete do congelador 10 minutos antes de servir e regue com a calda de morango.

Sorvete de banana e chocolate

(SEM GLÚTEN E SEM AÇÚCAR)

 15 minutos | Congelador: 2 horas   **2 porções**   **Muito fácil**

2 bananas congeladas

2 colheres (sopa) de creme de coco (a parte sólida do leite de coco refrigerado)

2 colheres (sopa) de cacau em pó

nozes picadas e raspas de chocolate (para servir)

1. No processador, misture as bananas congeladas (cortadas em rodelas), o creme de coco e o cacau em pó; triture na velocidade máxima até obter um creme aveludado (se aderir às paredes, raspe-as e volte a bater).

2. Sirva de imediato ou transfira para um recipiente e leve ao congelador por 2 a 4 horas, mexendo de vez em quando com um garfo (para quebrar os cristais de gelo e não endurecer).

Retire do congelador 10 minutos antes de servir e polvilhe com nozes picadas e raspas de chocolate.

NOTA: Use leite de coco integral; leve-o à geladeira para que se forme uma camada de creme no topo.

Manjar de coco

(SEM GLÚTEN)

 20 minutos 8 porções Muito fácil

1. Dissolva bem o amido em um pouco de leite frio e leve a mistura ao fogo em uma panela com o restante do leite vegetal, o leite de coco, o açúcar, o coco ralado, o pau de canela e a casca de limão. Cozinhe em fogo brando, sem parar de mexer, por 10 minutos ou até engrossar. Descarte o pau de canela e a casca de limão. Coloque ainda quente em taças individuais (umedecidas com água) e leve à geladeira por 4 horas.

2. Prepare a calda: Leve ao fogo uma panela com as ameixas (sem caroço e cortadas em pedaços), a água, o açúcar e o pau de canela; deixe ferver por 5 minutos ou até reduzir um pouco.
Desenforme o manjar e sirva com a calda e a polpa de maracujá, se desejar.

NOTA: Se for usar uma fôrma grande de pudim, acrescente 1 colher (sopa) de ágar-ágar em pó na etapa 1, antes de levar a panela ao fogo.

8 colheres (sopa) de amido de milho

800 ml de leite vegetal

200 ml de leite de coco

4 colheres (sopa) de açúcar demerara

1 xícara de coco ralado

1 pau de canela

1 limão-siciliano (cascas)

polpa de maracujá (opcional; para servir)

CALDA

8 ameixas secas

¾ de xícara de água

1 colher (sopa) de açúcar demerara ou xarope de tâmaras

1 pau de canela

Panacotta

(SEM GLÚTEN E SEM AÇÚCAR)

 20 minutos   8 porções   Muito fácil

6 colheres (sopa) de amido de milho

1 litro de leite vegetal

6 colheres (sopa) de xarope de agave ou açúcar demerara

1 colher (café) de extrato de baunilha

1 colher (sopa) de ágar-ágar em pó

1 limão-siciliano (cascas)

4 colheres (sopa) de creme de coco (a parte sólida do leite de coco refrigerado) ou creme de soja

CALDA

1 xícara de frutas vermelhas congeladas

2 colheres (sopa) de açúcar demerara ou xarope de agave

1 limão-siciliano (cascas)

2 colheres (sopa) de água (se necessário)

1. Dissolva bem o amido em um pouco de leite frio e leve a mistura ao fogo em uma panela com o restante do leite, o xarope de agave, o extrato de baunilha, o ágar-ágar e a casca de limão. Cozinhe em fogo brando, sem parar de mexer, por 10 minutos ou até engrossar. Descarte a casca de limão e misture o creme de coco. Coloque ainda quente nas taças individuais (umedecidas com água) e leve à geladeira por 4 horas.

2. Prepare a calda: Leve ao fogo uma panela com as frutas vermelhas, o açúcar, a casca de limão e a água; tampe e deixe ferver por 10 minutos. Retire, esmague as frutas com uma colher e deixe esfriar. Desenforme a panacotta e sirva com a calda de frutas vermelhas.

Pudim flã

(SEM GLÚTEN)

 15 minutos | Forno: 20 minutos   8-10 porções   Muito fácil

6 colheres (sopa) de amido de milho

1 litro de leite vegetal

8 colheres (sopa) de açúcar demerara ou xarope de agave ou de bordo

1 colher (café) de extrato de baunilha ou 1 vagem de baunilha

uma pitada de açafrão

1 colher (sopa) de ágar-ágar em pó

1 limão-siciliano (cascas)

6 colheres (sopa) de caramelo líquido ou xarope de tâmaras

1. Dissolva bem o amido em um pouco de leite frio e leve a mistura ao fogo em uma panela com o restante do leite, o açúcar, o extrato de baunilha, o açafrão, o ágar-ágar e a casca de limão. Cozinhe em fogo brando, sem parar de mexer, por 10 minutos ou até engrossar. Descarte a casca de limão.

2. Unte fôrmas individuais (ou uma fôrma grande) com o caramelo líquido, acrescente o creme ainda quente e coloque-as dentro de um assadeira com água quente.

3. Leve ao forno preaquecido a 180 °C, em banho-maria, por 20 minutos. Retire e deixe esfriar totalmente (assim que sai do forno, o pudim ainda está cremoso, solidificando depois de esfriar).

4. Leve à geladeira por 4 horas e desenforme com cuidado.

Sirva bem frio.

Pudim de laranja

(SEM GLÚTEN)

 20 minutos | Forno: 30 minutos   **10 porções**   **Médio**

1. Misture metade do leite frio, o amido, o ágar-ágar e as raspas de laranja; triture bem (com o mixer ou no liquidificador), para desfazer as raspas de laranja e obter uma mistura fina.

2. Em uma panela, junte o restante do leite, o açúcar e o vinho do Porto e leve ao fogo brando por 8 minutos ou até engrossar, mexendo regularmente.

3. Unte uma fôrma de pudim com o caramelo líquido ou faça o caramelo usando o açúcar. Nesse caso, coloque o açúcar no fundo de uma fôrma de pudim metálica e leve ao fogo muito baixo, até derreter e caramelizar; cuidado para não deixar queimar e, se necessário, rode a fôrma até formar o caramelo (não mexa com uma colher, pois o açúcar cristaliza).

4. Passe o preparado de laranja na fôrma sobre o caramelo e tampe. Coloque a fôrma do pudim dentro de uma fôrma maior (ou em uma assadeira) com água quente.

5. Leve ao forno preaquecido a 180 °C, em banho-maria, por 30 minutos. Retire e deixe esfriar totalmente (assim que sai do forno, o pudim ainda está cremoso e solidifica depois de esfriar). Leve à geladeira por 4 horas e desenforme com cuidado.
Sirva bem frio.

NOTA: É importante levar ao forno em banho-maria, para que o pudim adquira a consistência esperada; sem esse passo, ele pode solidificar (por ter ágar-ágar), mas a textura ficaria diferente.

1 litro de leite vegetal

6 colheres (sopa) de amido de milho

1 colher (sopa) de ágar-ágar em pó ou 2 colheres (sopa) de ágar-ágar em flocos

1 laranja (raspas)

8 a 10 colheres (sopa) de açúcar mascavo

2 colheres (sopa) de vinho do Porto ou da Madeira

6 colheres (sopa) de caramelo líquido ou de açúcar mascavo para caramelizar

Pudim de sêmola de milho

(SEM GLÚTEN E SEM AÇÚCAR)

 20 minutos   8-10 porções   Muito fácil

1. Misture uma parte do leite frio, as ameixas (sem caroço e cortadas em pedaços), as uvas-passas e as raspas de laranja e triture grosseiramente por alguns segundos, no mixer ou processador, para obter uma textura mais aveludada.

2. Passe a mistura para uma panela e junte o restante do leite, o vinho do Porto, o extrato de baunilha, o pau de canela e o xarope de agave e leve ao fogo. Quando começar a ferver, adicione a sêmola, aos poucos, mexendo energicamente com um fouet (para evitar formar grumos). Reduza o fogo e cozinhe por 8 minutos ou até engrossar, mexendo regularmente com uma colher de pau. Descarte o pau de canela.

3. Unte uma fôrma de pudim com o xarope de tâmaras, rodando a fôrma para espalhar o xarope pelas laterais. Adicione o preparado ainda quente na fôrma e deixe esfriar completamente. Leve à geladeira por 4 horas e desenforme com cuidado.
Sirva bem frio.

NOTA: A sêmola solidifica depois de esfriar. Se preferir, use pequenas fôrmas individuais ou uma fôrma retangular; nesse caso, sirva cortado em quadrados.

1 litro de leite vegetal

6 ameixas secas (50 g)

½ xícara de uvas-passas (50 g)

1 laranja ou 1 limão-siciliano (raspas)

1 colher (sopa) de vinho do Porto ou da Madeira

1 colher (café) de extrato de baunilha ou 1 vagem de baunilha

1 pau de canela

½ xícara de xarope de agave ou de bordo

1 xícara de sêmola de milho (150 g)

4 colheres (sopa) de xarope de tâmaras (para revestir a fôrma como caramelo)

Pudim de pão inglês

 15 minutos | Forno: 25 minutos   **8 porções**   **Muito fácil**

8 fatias de pão de cereais

2 colheres (sopa) de manteiga vegetal

1 maçã grande (ou outra fruta suculenta)

½ xícara de uvas-passas ou cranberry desidratado

1 laranja e 1 limão-siciliano (raspas e cascas)

1 colher (sopa) de açúcar mascavo ou açúcar de coco (para polvilhar)

canela em pó

2 colheres (sopa) de nozes, amêndoas ou avelãs picadas (para polvilhar)

CREME

4 colheres (sopa) de amido de milho

2 colheres (sopa) de fubá

1 litro de leite vegetal

4 colheres (sopa) de açúcar mascavo ou açúcar de coco

1 limão-siciliano (cascas)

1 pau de canela

1 colher (café) de extrato de baunilha ou 1 vagem de baunilha (opcional)

uma pitada de açafrão

1. Corte as fatias de pão em triângulos (com ou sem casca, como preferir) e unte-as com manteiga. Disponha-as em uma assadeira, desencontradas e ligeiramente sobrepostas.

2. Corte a maçã em fatias fininhas e coloque-as entre as fatias de pão. Distribua as uvas-passas e as raspas de laranja e de limão e polvilhe com o açúcar e canela em pó.

3. Prepare o creme: Dissolva bem o amido e o fubá em um pouco de leite frio, mexendo energicamente para evitar grumos. Passe para uma panela e junte o restante do leite, o açúcar, a casca de limão, o pau de canela, o extrato de baunilha (se for usar) e o açafrão. Leve ao fogo brando por 10 minutos ou até engrossar um pouco, mexendo regularmente. Descarte a casca de limão e o pau de canela.

4. Cubra as fatias de pão na assadeira com o creme e polvilhe com as nozes picadas.

5. Leve ao forno preaquecido a 180 °C por 25 a 30 minutos ou até dourar. Deixe esfriar e sirva polvilhado de canela em pó.

NOTA: Para a versão sem glúten, use pão sem glúten.

Doce da casa

 20 minutos   4 porções   Fácil

1. Separe 4 biscoitos e triture os restantes no processador. Reserve.

2. Leve ao fogo uma panela com a água e 4 colheres (sopa) de açúcar. Mexendo sempre, deixe ferver por 2 minutos ou até o açúcar se dissolver.

3. À parte, dissolva o amido em um pouco de leite frio, mexendo com um fouet; passe para a panela e junte o restante do leite e as cascas do limão. Cozinhe em fogo brando por alguns minutos, mexendo até engrossar. Misture a manteiga e deixe esfriar completamente.

4. Na batedeira, bata o creme vegetal com o restante do açúcar (peneirado) e um pouco de suco de limão até obter um creme volumoso e firme. Acrescente a mistura do passo 3 já fria, incorporando bem.

5. Finalize a sobremesa em taças de servir: coloque primeiro o creme, em seguida os biscoitos embebidos por alguns segundos no café quente e outra camada do creme. Finalize com o biscoito triturado, as amêndoas raladas, canela em pó e raspas de limão.

NOTA: Para a versão sem glúten, use biscoitos sem glúten.

100 g de biscoitos doces
½ xícara de água
4 + 1 colheres (sopa) de açúcar demerara
2 colheres (sopa) de amido de milho
1 xícara de leite vegetal
1 limão-siciliano (cascas, raspas e suco)
1 colher (sopa) de manteiga vegetal
125 ml de creme vegetal para chantili
1 xícara de café quente
amêndoas raladas e canela em pó (para polvilhar)

Natas do céu

 20 minutos   4 porções   Fácil

100 g de biscoitos doces

2 caquis grandes e maduros ou 1 receita de creme de abóbora (p. 65)

2 + 2 colheres (sopa) de açúcar demerara

1 a 2 colheres (sopa) de sementes de chia

1 limão-siciliano (raspas e suco)

250 ml de creme de soja para bater

amêndoas laminadas e nozes picadas (para servir)

canela em pó

1. Triture os biscoitos no processador até ficar uma mistura fina; reserve.

2. Triture a polpa do caqui até obter um creme; misture 2 colheres (sopa) de açúcar (se necessário), as sementes de chia e um pouco das raspas de limão. Como alternativa, use o creme de abóbora.

3. Bata o creme de soja com o restante do açúcar (peneirado) e 1 colher (sopa) do suco de limão até ficarem volumosas e firmes (use a batedeira). Junte as raspas de limão e envolva.

4. Distribua por taças de servir, em camadas, o creme de soja, o creme do passo 2 e os biscoitos, finalizando com o creme. Polvilhe com amêndoas laminadas e nozes picadas, canela e raspas de limão.

NOTA: Para a versão sem glúten, use biscoitos sem glúten.

Mousse de castanha e chocolate amargo

(SEM GLÚTEN)

 20 minutos   4-6 porções   Fácil

1. Triture as castanhas cozidas (sem casca).
2. Reserve 20 g de chocolate e derreta o restante em banho-maria.
3. Na batedeira, bata o creme vegetal com o suco de limão e o açúcar até ficar volumoso e firme. Junte o chocolate derretido, as castanhas trituradas, a canela e o vinho (se for usar) e bata de novo para incorporar. Distribua por taças individuais, polvilhe com o chocolate reservado ralado ou em lascas e leve à geladeira por 2 horas. Sirva com frutas vermelhas.

1 xícara de castanhas portuguesas cozidas (100 g)

200 g de chocolate amargo (100% vegetal)

250 ml de creme vegetal para chantili

1 colher (sopa) de suco de limão-siciliano

4 a 6 colheres (sopa) de açúcar demerara

1 colher (café) de canela em pó

1 colher (sopa) de vinho do Porto (opcional)

frutas vermelhas (para servir)

Mousse de chocolate

(SEM GLÚTEN)

 20 minutos   4-6 porções   Fácil

1. Reserve 20 g de chocolate e derreta o restante em banho-maria.
2. Na batedeira, bata o creme vegetal com o suco de limão e o açúcar até ficar volumoso e firme. Junte o chocolate derretido, o licor e o gengibre (se for usar) e bata de novo para incorporar.
3. Distribua o creme por taças individuais, polvilhe com o chocolate reservado ralado ou em lascas e leve à geladeira por 2 horas. Sirva com frutas vermelhas.

NOTA: Se for usar a água do cozimento do grão-de-bico (aquafaba), ela deve estar fria e espessa; para tal, depois de cozinhar o grão-de-bico, ferva a água do cozimento por 15 minutos ou até reduzir $\frac{1}{3}$, coe e conserve na geladeira.

200 g de chocolate culinário (100% vegetal)

250 ml de creme vegetal para chantili ou ½ xícara de aquafaba (água do cozimento do grão-de-bico)

1 colher (sopa) de suco de limão-siciliano

4 a 6 colheres (sopa) de açúcar demerara

1 colher (sopa) de licor (opcional)

uma pitada de gengibre em pó (opcional)

frutas vermelhas (para servir)

Mousse de manteiga de amendoim

(SEM GLÚTEN E SEM AÇÚCAR)

 10 minutos   4 porções   Muito fácil

1. Retire o creme (a parte sólida que fica por cima) e um pouco de soro do fundo do leite de coco. Coloque o leite de coco em uma vasilha e junte a manteiga de amendoim, o xarope de agave e as raspas de limão. Bata na batedeira até obter uma mistura cremosa e homogênea (se ficar muito espessa, junte mais um pouco de soro).

2. Passe a mistura para taças individuais e leve à geladeira por 2 horas. Sirva com folhas de hortelã.

NOTA: Deixe o leite de coco na parte alta da geladeira por 8 horas, para que o creme se separe do soro (não agite). Escolha leite de coco de boa qualidade (não use leite light).

400 ml de leite de coco

4 colheres (sopa) de manteiga de amendoim (cremosa)

4 a 6 colheres (sopa) de xarope de agave ou açúcar de coco

½ limão-siciliano (raspas)

folhas de hortelã (para servir)

Leite-creme

(SEM GLÚTEN)

 20 minutos   3 porções   Muito fácil

1. Dissolva bem o amido em um pouco de leite frio, mexendo energicamente para evitar grumos. Passe o amido diluído para uma panela, junte o leite restante, o açúcar, a casca de limão, o pau de canela, o extrato de baunilha (se for usar) e o açafrão. Leve ao fogo brando por 8 minutos ou até engrossar, sem parar de mexer. Descarte a casca de limão e o pau de canela.

2. Passe o creme ainda quente para taças individuais. Polvilhe o topo com um pouco de açúcar e queime com um maçarico para caramelizar. Deixe esfriar e sirva com canela em pó.

4 colheres (sopa) de amido de milho

2 xícaras de leite vegetal (500 ml)

2 a 4 colheres (sopa) de açúcar demerara ou açúcar de coco + um pouco para polvilhar

1 limão-siciliano (cascas)

1 pau de canela

1 colher (café) de extrato de baunilha ou 1 vagem de baunilha (opcional)

uma pitada de açafrão

canela em pó (para servir)

Arroz-doce
(SEM GLÚTEN)

 35 minutos   10 porções   Muito fácil

1 xícara de arroz arbório ou carnaroli (200 g)

3 xícaras de água (750 ml)

1 colher (café) de sal

1 limão-siciliano (cascas)

2 paus de canela

3 xícaras de leite vegetal

1 xícara de açúcar demerara

1 vagem de baunilha

uma pitada de açafrão

1 colher (sopa) de amido de milho

canela em pó (para polvilhar)

1. Lave o arroz (para retirar a goma) e escorra.

2. Em uma panela, misture o arroz, a água, o sal, as cascas de limão e os paus de canela. Tampe e leve ao fogo brando por cerca de 20 minutos ou até absorver a água.

3. Junte o leite, o açúcar, a vagem de baunilha (abra-a ao meio no sentido do comprimento e raspe as sementes do interior) e o açafrão (para dar cor); misture bem e cozinhe por mais alguns minutos.

4. À parte, dissolva o amido em um pouco de água fria; passe para a panela e mexa por 3 minutos. Retire do fogo, descarte os paus de canela, a vagem de baunilha e as cascas de limão e misture as raspas de limão, envolvendo bem.

5. Distribua o arroz-doce por tacinhas e polvilhe com canela em pó. Sirva frio.

Pavê de frutas vermelhas

🕐 25 minutos   4-6 porções   Fácil

1. Prepare o creme branco: Dissolva bem o amido em um pouco de leite frio com um fouet. Passe a mistura para uma panela e junte o leite restante, o açúcar, as cascas de limão e a vagem de baunilha (se for usar; abra-a ao meio e raspe as sementes). Leve ao fogo por cerca de 8 minutos ou até engrossar, mexendo sempre. No final, descarte a vagem de baunilha e as cascas de limão e adicione as raspas de limão. Reserve.

2. Prepare o creme de frutas vermelhas: Coloque as frutas vermelhas congeladas em uma panela e junte ½ xícara de água, o açúcar, o vinho e o pau de canela (se for usar) e cozinhe em fogo brando por 5 minutos. Esmague as frutas com as costas da colher. Dissolva o amido na água restante e junte à panela; mexa até engrossar e descarte o pau de canela.

3. Monte o pavê em uma vasilha média de servir (ou em taças individuais), alternando os ingredientes por camadas. Comece colocando no fundo um pouco de creme branco ainda morno (se estiver frio e espesso, mexa-o vigorosamente). Separe metade dos biscoitos e molhe-os, um a um, no leite morno para amolecerem, em seguida disponha-os em cima do creme. Cubra com algumas colheradas do creme de frutas vermelhas e distribua os morangos picados por cima. Repita a operação, finalizando com as frutas frescas e o gengibre ralado.

NOTA: Para a versão sem glúten, use biscoitos sem glúten.

CREME BRANCO

4 colheres (sopa) de amido de milho

2 xícaras de leite vegetal (500 ml)

3 a 4 colheres (sopa) de açúcar mascavo ou açúcar de coco

1 limão-siciliano pequeno (cascas e raspas)

1 vagem de baunilha (opcional)

CREME DE FRUTAS VERMELHAS

1 xícara de frutas vermelhas congeladas (100 g)

¾ de xícara de água

3 a 4 colheres (sopa) de açúcar mascavo

1 colher (sopa) de vinho do Porto ou licor (opcional)

1 pau de canela (opcional)

3 colheres (sopa) de amido de milho

EXTRA

150 g de biscoitos doces

1 xícara de leite vegetal morno ou café

8 morangos picados

½ xícara de frutas vermelhas e 1 pedaço de gengibre fresco (opcional; para decorar)

Quadrados de crumble

(SEM GLÚTEN E SEM AÇÚCAR)

 40 minutos | Forno: 30 minutos   **8 porções**   **Muito fácil**

1. Corte a maçã em cubinhos (com ou sem a casca) e passe para uma panela com as outras frutas. Leve ao fogo com o xarope de agave, o pau de canela, as raspas de limão e 1 colher (sopa) do suco de limão por cerca de 5 minutos ou até ficarem macias. Retire do fogo e misture o amido, para absorver o excesso de umidade e dar uma consistência pastosa.

2. Prepare a massa do crumble: Misture a aveia, as amêndoas raladas, o xarope de agave, a canela, o sal, o gengibre e o fermento; junte o óleo de coco derretido e envolva bem até obter uma massa areada. Divida a massa em duas partes e misture a farinha de arroz em uma delas (a que você vai usar para o topo).

3. Forre uma fôrma retangular com papel-manteiga e coloque a metade da mistura do crumble que não tem farinha de arroz, pressionando bem (com as mãos ou com as costas de uma colher) para formar uma camada homogênea.

4. Leve ao forno preaquecido a 180 °C por 15 minutos e retire. Sobreponha a mistura da fruta e cubra com a massa reservada. Leve ao forno por mais 15 minutos ou até dourar.

5. Deixe esfriar, corte em quadrados e polvilhe com canela em pó.

RECHEIO

2 maçãs

1 xícara de frutas vermelhas (frescas ou congeladas) ou outra fruta suculenta

2 colheres (sopa) de xarope de agave, açúcar de coco ou mascavo

1 pau de canela

1 limão-siciliano (raspas e suco)

2 a 4 colheres (sopa) de amido de milho

CRUMBLE

1 xícara de aveia em flocos

½ xícara de amêndoas raladas

4 a 6 colheres (sopa) de xarope de agave, açúcar de coco ou mascavo

1 colher (chá) de canela em pó

uma pitada de sal

uma pitada de gengibre em pó ou mixed spice

1 colher (chá) de fermento químico em pó

6 colheres (sopa) de óleo de coco derretido ou manteiga vegetal

4 colheres (sopa) de farinha de arroz integral

Tortas e cheesecakes

Gelado de manga

(SEM GLÚTEN E SEM AÇÚCAR)

 30 minutos | Demolho: 30 minutos   8-10 porções   Médio

1. Prepare a base: No processador, misture o mix de amêndoas, nozes e avelãs, as tâmaras (sem caroço e cortadas em pedaços), a aveia, o sal e as raspas de limão. Triture por alguns segundos ou até obter uma mistura pegajosa — se necessário, junte a água para umedecer e volte a triturar. Passe a mistura para uma fôrma para torta com fundo removível e pressione para cobrir e obter uma base firme e homogênea.

2. Prepare o recheio: Triture a polpa da manga com as castanhas-de-caju (demolhadas e escorridas); junte um pouco do leite de coco, o amido, o ágar-ágar e as raspas e o suco de limão e volte a triturar até obter um creme homogêneo.

3. Transfira o creme de manga para uma panela e junte o restante do leite de coco, o xarope de agave e o sal. Leve ao fogo por 8 minutos ou até engrossar, sem parar de mexer.

4. Despeje o recheio morno sobre a base na fôrma e alise o topo, se necessário. Deixe esfriar e leve à geladeira por 2 horas. Decore com as nozes e os pistaches picados e, se desejar, um fio de xarope de agave.

NOTA: Demolhe as castanhas-de-caju em água quente por 30 minutos, para ficarem macias.

BASE

1 ½ xícara de mix de amêndoas, nozes e avelãs (150 g)

¾ de xícara de tâmaras secas (100 g, sem caroço)

½ xícara de aveia em flocos finos

uma pitada de sal

½ limão-siciliano (raspas)

1 a 2 colheres (sopa) de água (se necessário)

RECHEIO

1 manga madura (polpa, 250 g)

½ xícara de castanhas-de-caju cruas (70 g), demolhadas

400 ml de leite de coco

3 colheres (sopa) de amido de milho

1 ½ colher (sopa) de ágar-ágar em pó (12 g)

1 limão-siciliano (raspas e suco)

⅓ de xícara de xarope de agave

uma pitada de sal

3 colheres (sopa) de nozes e pistaches picados (para decorar)

Gelado de limão e morango

(SEM AÇÚCAR E SEM GLÚTEN)

 35 minutos | Demolho: 30 minutos   **10 porções**   **Médio**

BASE

1 ½ xícara de mix de amêndoas, nozes e avelãs (150 g)

¾ de xícara de tâmaras secas (100 g, sem caroço)

½ xícara de aveia em flocos finos

uma pitada de sal

½ limão-siciliano (raspas)

1 colher (sopa) de água

RECHEIO

½ xícara de castanhas-de-caju cruas (70 g), demolhadas

1 litro de leite vegetal

4 colheres (sopa) de amido de milho

1 ½ colher (sopa) de ágar-ágar em pó (12 g)

2 colheres (sopa) de óleo de coco

1 colher (café) de extrato de baunilha

2 morangos

2 limões (raspas e suco)

½ xícara de xarope de bordo ou de agave

COBERTURA

250 g de morangos (frescos ou congelados)

½ colher (sopa) de suco de limão-siciliano

2 colheres (sopa) de xarope de bordo ou de agave

½ colher (chá) de ágar-ágar em pó

frutas vermelhas (para decorar)

1. Prepare a base: No processador, misture o mix de amêndoas, nozes e avelãs, as tâmaras (sem caroço e cortadas em pedaços), a aveia, o sal e as raspas de limão. Triture por alguns segundos ou até obter uma mistura ligeiramente pegajosa; se necessário, junte a água para umedecer e volte a triturar. Passe a mistura para uma fôrma redonda (de 18 ou 20 cm, com fundo removível) e pressione para cobrir o fundo e obter uma base firme e homogênea.

2. Prepare o recheio: Misture as castanhas-de-caju (demolhadas e escorridas), 1 xícara do leite, o amido, o ágar-ágar, o óleo de coco, o extrato de baunilha, os morangos e as raspas e o suco dos limões e triture até obter um creme liso (use o mixer ou o liquidificador).

3. Transfira a mistura para uma panela, junte o restante do leite e o xarope de bordo e leve ao fogo por 10 minutos ou até obter uma consistência cremosa, mexendo com regularidade. Prove e ajuste o adoçante, se necessário. Deixe esfriar um pouco.

4. Despeje o creme morno sobre a fôrma com a base e leve à geladeira por 2 horas ou até ficar firme.

5. Prepare a cobertura: Leve ao fogo os morangos (cortados em lâminas) com o suco de limão e o xarope de bordo por cerca de 8 minutos para ficarem macios; junte o ágar-ágar e deixe ferver por mais 3 minutos ou até começar a engrossar. Passe para a fôrma, cobrindo o topo, e leve de novo à geladeira por 1 hora. Desenforme com cuidado e decore com frutas vermelhas.

NOTA: Demolhe as castanhas-de-caju em água quente por 30 minutos, para ficarem macias.

Torta gelada de frutas silvestres
(CHEESECAKE)

 20 minutos   8-10 porções   Difícil

1. Prepare a base: Triture o biscoito, reduzindo-o a pó. Coloque em uma vasilha, junte a manteiga derretida e a água e mexa até formar uma pasta. Passe a mistura para uma fôrma redonda (de 20 cm, com fundo removível) e forre o fundo, pressionando para que fique compacta. Reserve na geladeira.

2. Prepare o recheio: Bata o creme vegetal com 2 colheres (sopa) de açúcar e as raspas de limão até ficar firme (use a batedeira); reserve. Em uma panela, misture o suco do limão, as frutas silvestres, os morangos, ½ xícara de açúcar e o ágar-ágar. Leve ao fogo brando por 5 minutos, mexendo regularmente. Retire do fogo, misture o iogurte e triture até obter um creme homogêneo. Passe para a vasilha com o creme batido e incorpore rapidamente com um fouet.

3. Despeje o recheio sobre a base na fôrma e alise o topo. Leve à geladeira por 4 horas, para endurecer. Desenforme com cuidado.

4. Para a cobertura, espalhe a geleia e decore com frutas silvestres. Sirva frio.

NOTA: Para a versão sem glúten, use biscoitos sem glúten.

BASE
250 g de biscoitos integrais doces
3 colheres (sopa) de manteiga vegetal derretida
2 colheres (sopa) de água (se necessário)

RECHEIO
250 ml de creme vegetal para chantili
2 colheres (sopa) + ½ xícara de açúcar demerara
½ limão-siciliano (raspas e suco)
½ xícara de suco de frutas silvestres ou leite vegetal
½ xícara de frutas silvestres
½ xícara de morangos picados
1 colher (sopa) de ágar-ágar em pó (8 g)
125 g iogurte de soja natural

COBERTURA
4 colheres (sopa) de geleia de frutas silvestres
amoras, framboesas, morangos, groselhas e mirtilos (para decorar)

Torta gelada de limão e cereja

(CHEESECAKE)

 15 minutos   8 porções   Médio

BASE

250 g de biscoitos doces integrais

3 colheres (sopa) de manteiga vegetal derretida

2 colheres (sopa) de água

½ limão-siciliano (raspas)

RECHEIO

250 ml de creme vegetal para chantili

1 limão-siciliano (raspas e suco)

½ xícara de água

½ xícara de açúcar demerara

1½ colher (sopa) de ágar-ágar em pó (12 g)

125 g de iogurte de soja natural

COBERTURA

4 colheres (sopa) de geleia de cereja

½ xícara de cerejas

hortelã (para decorar)

1. Prepare a base: Triture o biscoito, reduzindo-o a pó. Coloque em uma vasilha, junte a manteiga derretida, a água e as raspas de limão e mexa até formar uma pasta. Passe a mistura para uma fôrma redonda (de 20 cm, com fundo removível) e forre o fundo, pressionando para que fique compacta. Reserve.

2. Prepare o recheio: Bata o creme vegetal com as raspas de limão e 1 colher (sopa) do suco de limão até ficar firme e volumoso (use a batedeira); reserve. Em uma panela, coloque a água, o restante do suco de limão, o açúcar e o ágar-ágar. Leve ao fogo brando por 5 minutos, mexendo sempre. Retire do fogo e acrescente o iogurte. Despeje imediatamente na vasilha do creme batido e incorpore para obter uma mistura homogênea.

3. Coloque o recheio sobre a base na fôrma e alise o topo. Deixe esfriar e leve à geladeira por 4 horas, para endurecer. Desenforme com cuidado.

4. Para a cobertura, espalhe a geleia de cereja e decore com cerejas e folhinhas de hortelã.

NOTA: Para a versão sem glúten, use biscoitos sem glúten.

Cheesecake de castanha-de-caju e mirtilo

(SEM GLÚTEN E SEM AÇÚCAR)

 30 minutos | Demolho: 30 minutos | Congelador: 4 horas   **10 porções**   **Médio**

BASE

1 ½ xícara de mix de amêndoas, nozes e avelãs (150 g)

¾ de xícara de tâmaras secas (100 g, sem caroço)

½ limão-siciliano (raspas)

uma pitada de sal

½ xícara de aveia em flocos finos

1 colher (sopa) de água (se necessário)

RECHEIO

200 g de creme de coco (a parte sólida do leite de coco refrigerado)

1 ½ xícara de castanhas-de-caju cruas (200 g), demolhadas

½ xícara de mirtilos (frescos ou congelados)

1 limão-siciliano grande (raspas e suco)

⅓ de xícara de xarope de bordo

⅓ de xícara de óleo de coco derretido

COBERTURA

½ xícara de mirtilos (frescos ou congelados)

1 colher (sopa) de xarope de bordo ou de agave

1 colher (chá) de suco de limão

1. Prepare a base: No processador, misture o mix de amêndoas, nozes e avelãs, as tâmaras (sem caroço e cortadas em pedaços), as raspas de limão, o sal e a aveia. Triture até obter uma mistura pegajosa; se necessário, junte a água para umedecer e volte a triturar. Passe a mistura para uma fôrma redonda (de 18 ou 20 cm, com fundo removível; também pode ser uma fôrma retangular forrada com papel-manteiga) e pressione para cobrir o fundo e obter uma base firme e homogênea.

2. Prepare o recheio: Pegue o leite de coco e separe o creme (a parte espessa que fica por cima), deixando o soro no fundo do recipiente. No processador, misture as castanhas-de-caju (demolhadas e escorridas), o creme de coco, os mirtilos e as raspas e o suco de limão na velocidade máxima até obter um creme liso. Junte o xarope de bordo e o óleo de coco derretido e volte a bater.

3. Despeje o creme sobre a base, agite a fôrma ligeiramente (para eliminar as bolhas de ar) e alise o topo com uma espátula. Leve ao congelador por 4 horas ou até ficar firme.

4. Prepare a cobertura: Triture os mirtilos com o xarope de bordo e o suco de limão.

5. Retire a torta do congelador e desenforme com cuidado. Passe a cobertura por cima e decore a gosto.

NOTA: Prepare os ingredientes com antecedência. Coloque o leite de coco na parte alta da geladeira por 8 horas, para que o creme se separe do soro (não agite). Escolha leite de coco de boa qualidade (não use leite light). Demolhe as castanhas-de-caju em água quente por 30 minutos, para ficarem macias.

Cheesecake de castanha-de-caju, abacaxi e maracujá

(SEM GLÚTEN E SEM AÇÚCAR)

 30 minutos | Demolho: 30 minutos | Congelador: 4 horas   10 porções   Médio

BASE

1 ½ xícara de mix de amêndoas, nozes e avelãs (150 g)

¾ de xícara de tâmaras secas (100 g, sem caroço)

½ limão-siciliano (raspas)

uma pitada de sal

½ xícara de aveia em flocos finos

1 colher (sopa) de água (se necessário)

RECHEIO

200 g de creme de coco (a parte sólida do leite de coco refrigerado)

1 ½ xícara de castanhas-de-caju cruas (200 g), demolhadas

3 fatias de abacaxi (200 g)

1 limão-siciliano e 1 limão--taiti (raspas e suco)

⅓ de xícara de xarope de bordo ou de agave

⅓ de xícara de óleo de coco derretido

COBERTURA

4 maracujás ou ½ xícara de polpa de maracujá

1 limão-siciliano (raspas)

hortelã (para decorar)

1. Prepare a base: No processador, misture o mix de amêndoas, nozes e avelãs, as tâmaras (sem caroço e cortadas em pedaços), as raspas de limão, o sal e a aveia. Triture por alguns segundos ou até obter uma mistura pegajosa; se necessário, junte a água para umedecer e volte a triturar. Passe a mistura para uma fôrma retangular (tipo bolo inglês) forrada com papel-manteiga e pressione para cobrir o fundo e obter uma base firme e homogênea.

2. Prepare o recheio: Pegue o leite de coco e separe o creme (a parte espessa que fica por cima), deixando o soro no fundo do recipiente. No processador, misture as castanhas-de-caju (demolhadas e escorridas), o creme de coco, o abacaxi e as raspas e o suco dos limões na velocidade máxima até obter um creme liso. Junte o xarope de bordo e o óleo de coco derretido e volte a bater.

3. Despeje o creme do recheio sobre a base; agite ligeiramente a fôrma (para eliminar possíveis bolhas de ar) e alise o topo com uma espátula. Leve ao congelador por 4 horas ou até ficar firme.

4. Retire a torta do congelador e desenforme com cuidado. Decore o topo com a polpa do maracujá, as raspas de limão e as folhinhas de hortelã.

NOTA: Prepare os ingredientes com antecedência. Coloque o leite de coco na parte alta da geladeira por 8 horas, para que o creme se separe do soro (não agite). Escolha leite de coco de boa qualidade (não use leite light). Demolhe as castanhas-de-caju em água quente por 30 minutos, para ficarem macias.

Torta gelada de castanha-de-caju e café

(SEM GLÚTEN E SEM AÇÚCAR)

 30 minutos | Demolho: 30 minutos | Congelador: 4 horas   8 porções   Médio

1. Prepare a base: No processador, misture o mix de amêndoas, nozes e avelãs, as tâmaras (sem caroço e cortadas em pedaços), as raspas de limão, o sal e a aveia. Triture por alguns segundos ou até obter uma mistura pegajosa; se necessário, junte a água para umedecer e volte a triturar. Coloque a mistura em uma fôrma retangular com fundo removível (ou use uma fôrma de bolo inglês forrada com papel-manteiga) e pressione para cobrir e obter uma base firme e homogênea.

2. Prepare o recheio: Pegue o leite de coco e separe o creme (a parte espessa que fica por cima), deixando o soro no fundo do recipiente. No processador, misture as castanhas-de-caju (demolhadas e escorridas), o creme de coco, o café (quente ou frio) e as raspas e o suco de limão; triture na velocidade máxima até obter um creme liso. Junte o xarope de agave e o óleo de coco derretido e volte a bater.

3. Despeje o creme do recheio sobre a base, agite ligeiramente a fôrma (para eliminar possíveis bolhas de ar) e alise o topo com uma espátula. Leve ao congelador por 4 horas ou até ficar firme.

4. Prepare a cobertura: Misture o café, o xarope de agave, o óleo de coco e o leite de coco. Leve ao fogo por alguns minutos para engrossar um pouco. Deixe esfriar para adquirir a consistência de caramelo.

5. Retire a torta do congelador e decore com o caramelo, as avelãs picadas e o damasco fatiado (ou outra fruta de sua preferência). Sirva em seguida.

NOTA: Prepare os ingredientes com antecedência. Coloque o leite de coco na parte alta da geladeira por 8 horas, para que o creme se separe do soro (não agite). Escolha leite de coco de boa qualidade (não use leite light). Demolhe as castanhas-de-caju em água quente por 30 minutos, para ficarem macias.

BASE

1 ½ xícara de mix de amêndoas, nozes e avelãs (150 g)

¾ de xícara de tâmaras secas (100 g, sem caroço)

½ limão-siciliano (raspas)

uma pitada de sal

4 colheres (sopa) de aveia em flocos finos

1 colher (sopa) de água (se necessário)

RECHEIO

200 g de creme de coco (a parte sólida do leite de coco refrigerado)

1 xícara de castanhas-de-caju cruas (130 g), demolhadas

1 café expresso (60 ml)

1 limão-siciliano (raspas e suco)

⅓ de xícara de xarope de agave ou de bordo

¼ de xícara de óleo de coco derretido

COBERTURA

1 colher (sopa) de café expresso ou 1 colher (chá) de café solúvel

2 colheres (sopa) de xarope de agave ou açúcar de coco

1 colher (sopa) de óleo de coco

2 colheres (sopa) de leite de coco

2 colheres (sopa) de avelãs tostadas e picadas (para decorar)

1 damasco (para decorar)

Tiramisù

 30 minutos   4-6 porções   Médio

1. Pegue o leite de coco e separe o creme (a parte espessa que fica por cima), deixando o soro no fundo do recipiente; transfira cerca de 250 g para uma vasilha. Junte o creme vegetal, o extrato de baunilha, o açúcar e o suco de limão e bata com a batedeira até obter um creme espesso e homogêneo. Prove e ajuste o suco de limão. Reserve.

2. À parte, misture o café e o vinho do Porto (adoce, se necessário).

3. Agrupe 3 biscoitos, molhe-os no café por alguns segundos e disponha-os imediatamente no prato de servir. Repita a operação, alinhando sucessivamente 3 biscoitos para formar a primeira camada. Despeje metade do creme por cima e alise com uma espátula. Forme a segunda camada de biscoito, seguindo o mesmo procedimento. Leve à geladeira por 15 minutos.

4. Misture a geleia de framboesa ao restante do creme e passe por cima do tiramisù, alisando com uma espátula.

5. Polvilhe o topo com o cacau em pó, o chocolate ralado e, se desejar, framboesas picadas. Leve à geladeira por 3 horas para ficar firme. Sirva bem frio.

NOTA: Coloque o leite de coco na parte alta da geladeira por 8 horas, para que o creme se separe do soro (não agite). Escolha leite de coco de boa qualidade (não use leite light). Para a versão sem glúten, use biscoitos sem glúten.

250 g de creme de coco (a parte sólida do leite de coco refrigerado)

200 g de creme vegetal de soja, coco ou amêndoa (tipo queijo)

1 colher (café) de extrato de baunilha

½ xícara de açúcar demerara

1 a 2 colheres (sopa) de suco de limão-siciliano

1 xícara de café forte (morno)

1 colher (sopa) de vinho do Porto ou da Madeira

300 g de biscoito maisena (formato retangular)

1 colher (sopa) de geleia de framboesa

1 a 2 colheres (sopa) de cacau em pó (para polvilhar)

20 g de chocolate culinário (100% vegetal)

framboesas desidratadas (opcional; para decorar)

Pavê

 40 minutos 12 porções Fácil

250 ml de creme vegetal para chantili

1 colher (sopa) de suco de limão-siciliano

6 a 8 colheres (sopa) de açúcar demerara

2 colheres (sopa) de manteiga de amêndoa, de avelã ou de amendoim

1 colher (sopa) de alfarroba em pó (opcional)

1 xícara de café forte (morno)

400 g de biscoito maisena (formato retangular)

amêndoas raladas e canela em pó (para polvilhar)

1. Prepare o creme: Bata o creme vegetal com o suco de limão e o açúcar até ficar volumoso e firme (use a batedeira). Junte a manteiga e a alfarroba em pó (se for usar) e volte a bater para incorporar. Prove e ajuste o açúcar. Reserve na geladeira por 20 minutos.

2. Prepare o café (adoce-o, se necessário). Molhe os biscoitos, um a um, por alguns segundos, no café morno e coloque-os alinhados no prato de servir, formando uma primeira camada (disponha-os no formato que desejar). Cubra com um pouco de creme e alise com uma espátula. Repita a operação, formando camadas sucessivas de biscoito e de creme, até acabar os ingredientes.

3. Finalize com uma camada de creme e polvilhe com biscoito triturado, amêndoas raladas e canela em pó. Leve à geladeira por 3 horas ou até servir.

NOTA: Se preferir, substitua a manteiga por 2 a 4 colheres (sopa) de amêndoas raladas. Para as crianças, use uma mistura solúvel de cereais em substituição ao café. Para a versão sem glúten, use biscoitos sem glúten.

Torta banoffee

(SEM GLÚTEN E SEM AÇÚCAR)

⏱ 30 minutos   8-10 porções   🍴 Médio

1. Prepare a base: No processador, misture o mix de amêndoas, nozes e avelãs, as tâmaras (sem caroço e cortadas em pedaços), as raspas de limão, o sal e a aveia. Triture por alguns segundos ou até obter uma mistura pegajosa; se necessário, junte a água para umedecer e volte a triturar. Passe a mistura para uma fôrma redonda (com fundo removível) e pressione para cobrir e obter uma base firme e homogênea.

2. Prepare o recheio: No processador, triture as tâmaras (sem caroço e cortadas em pedaços) com a água; junte a manteiga de amendoim, a banana, o óleo de coco, o sal e as raspas e o suco de limão e volte a triturar até obter um creme homogêneo.

3. Despeje o recheio na fôrma já com a base, agite ligeiramente e alise o topo com uma espátula.

4. Prepare a cobertura: Pegue o leite de coco e separe o creme (a parte espessa que fica por cima), deixando o soro no fundo do recipiente. Transfira para uma vasilha e junte o óleo de coco (se for usar), o xarope de agave, o extrato de baunilha, o sal e as raspas e o suco de limão e bata com a batedeira até obter um creme espesso e homogêneo.

5. Corte as bananas em rodelas com cerca de 1 cm de espessura e disponha-as sobre o recheio cobrindo toda a torta. Cubra com o creme branco, decore com o chocolate ralado e as nozes picadas e leve à geladeira por 2 horas. Sirva bem frio.

NOTA: Coloque o leite de coco na parte alta da geladeira por 8 horas, para que o creme se separe do soro (não agite). Escolha leite de coco de boa qualidade (não use leite light).

BASE
1 ½ xícara de mix de amêndoas, nozes e avelãs (150 g)
¾ de xícara de tâmaras secas (100 g, sem caroço)
½ limão-siciliano (raspas)
uma pitada de sal
¾ de xícara de aveia em flocos finos
1 a 2 colheres (sopa) de água (se necessário)

RECHEIO
½ xícara de tâmaras secas (70 g, sem caroço)
⅓ de xícara de água
½ xícara de manteiga de amendoim ou de amêndoa
1 banana pequena e madura
1 colher (sopa) de óleo de coco derretido
uma pitada de sal
½ limão-siciliano (raspas e suco)

COBERTURA
250 g de creme de coco (a parte sólida do leite de coco refrigerado)
1 colher (sopa) de óleo de coco (opcional)
1 colher (sopa) de xarope de agave
1 colher (café) de extrato de baunilha
uma pitada de sal
½ limão-siciliano (raspas e suco)
2 bananas maduras
10 g de chocolate amargo para ralar (100% vegetal)
2 colheres (sopa) de nozes picadas (para decorar)

Torta de limão

(SEM GLÚTEN)

 30 minutos | Forno: 18 minutos   8-10 porções   Difícil

1. Prepare a base: Em uma vasilha, misture as farinhas, o açúcar, o sal, o psyllium, a canela, o fermento e as raspas de limão. Adicione o azeite e mexa, formando uma massa areada. À parte, misture a água quente com a farinha de linhaça e as sementes de chia e bata energicamente até formar uma goma. Passe essa mistura para a vasilha com as farinhas, incorpore tudo e molde uma bola de massa. Se necessário, umedeça-a com mais algumas gotas de água.

2. Coloque a massa em uma superfície de trabalho, sobre uma folha de papel-manteiga; cubra-a com filme de PVC (para evitar que a massa grude) e abra com o rolo até obter uma espessura fina. Unte uma fôrma (com fundo removível) e transfira a massa; ajuste e apare as rebarbas.

3. Leve ao forno preaquecido a 180 °C por cerca de 18 minutos. Retire e reserve.

4. Prepare o recheio: Extraia as raspas e o suco (cerca de ⅓ de xícara) dos limões e misture-os com o amido, o ágar-ágar e o leite, triturando-os por alguns segundos. Transfira a mistura para uma panela, junte o açafrão e leve ao fogo por 5 minutos ou até engrossar, sem deixar de mexer. Retire e misture o leite condensado, mexendo para incorporar.

5. Despeje o recheio na fôrma, sobre a massa – agite ligeiramente e alise o topo, se necessário. Deixe esfriar e leve à geladeira por 2 horas.

6. Prepare a cobertura: Bata a água do cozimento do grão-de-bico fria (use uma batedeira potente) por 10 minutos ou até ficar uma espuma branca, volumosa e firme. Adicione, aos poucos, o açúcar, o cremor tártaro e as raspas de limão (formando um merengue). Transfira para um saco de confeiteiro e forme pequenas porções sobre o recheio da torta. Se desejar, doure o merengue com um maçarico. Sirva fria.

NOTA: A água do cozimento do grão-de-bico deve estar fria e espessa; para tal, depois de cozinhá-lo, ferva a água do cozimento por 15 minutos ou até reduzir ⅓, coe e conserve na geladeira.

BASE

1 ½ xícara de farinha de aveia

½ xícara de farinha de arroz integral

3 colheres (sopa) de açúcar demerara

uma pitada de sal

1 colher (sopa) de psyllium em pó

1 colher (café) de canela em pó

1 colher (café) de fermento químico em pó

½ limão-siciliano (raspas)

⅓ de xícara de azeite ou óleo de coco derretido

½ xícara de água quente

1 colher (sopa) de farinha de linhaça

1 colher (sopa) de sementes de chia

RECHEIO

2 limões (raspas e suco)

¼ de xícara de amido de milho

½ colher (sopa) de ágar-ágar em pó ou 1 colher (sopa) de ágar-ágar em flocos

1 xícara de leite vegetal

uma pitada de açafrão

320 g de leite de coco condensado

COBERTURA

½ xícara da água do cozimento do grão-de-bico (aquafaba)

4 colheres (sopa) de açúcar demerara

¼ de colher (chá) de cremor tártaro (1 g)

½ limão (raspas)

Torta de nata e café

 20 minutos | Forno: 20 minutos   10 porções   Médio

1 massa folhada redonda (100% vegetal)

1 xícara de açúcar demerara

½ xícara de água

1 pau de canela

1 limão-siciliano (cascas)

6 colheres (sopa) de amido de milho

6 colheres (sopa) de fubá

1 xícara de leite vegetal

1 colher (café) de extrato de baunilha

uma pitada de açafrão

2 colheres (sopa) de manteiga vegetal

250 ml de creme vegetal para chantili

1 café expresso forte (60 ml)

2 colheres (sopa) de xarope de agave (opcional; para pincelar)

canela em pó (para servir)

1. Abra a massa e transfira-a para uma fôrma untada; ajuste as bordas e fure o fundo com um garfo. Reserve na geladeira.

2. Em uma panela, misture o açúcar, a água, o pau de canela e a casca de limão e leve ao fogo por 3 minutos ou até o açúcar se dissolver.

3. À parte, dissolva bem o amido e o fubá em um pouco do leite frio; passe para a panela e junte o restante do leite, o extrato de baunilha e o açafrão (para dar cor). Leve ao fogo por 5 minutos ou até engrossar, sem parar de mexer. Retire do fogo, descarte o pau de canela e a casca de limão e junte a manteiga e metade do creme vegetal, mexendo energicamente para obter um creme liso.

4. Separe ½ xícara do preparado; misture o café expresso nessa parte e reserve.

5. Coloque o creme vegetal restante na panela e volte a mexer (se tiver grumos, passe no coador).

6. Despeje o creme na fôrma, sobre a massa folhada; sobreponha, em pequenas porções, o creme com café, revolvendo com um garfo para obter um efeito marmorizado. Pingue algumas gotas de xarope de agave por cima e espalhe (vai ajudar a dourar).

7. Leve ao forno preaquecido a 240 °C (sem circulação de ar), na prateleira do meio, por 15 minutos; aumente para 270 °C e coloque na prateleira superior por mais 5 minutos, para dourar no topo. Deixe esfriar e pincele com xarope de agave, se desejar.
Sirva com canela em pó.

NOTA: Para a versão sem glúten, use massa folhada sem glúten pronta (100% vegetal) ou prepare uma base caseira sem glúten (p. 142).

Torta de manteiga de amendoim

 20 minutos | Forno: 12 minutos    8-10 porções   Fácil

1. Abra a massa e transfira-a para uma fôrma para torta untada; ajuste-a nas bordas e fure o fundo com um garfo. Cubra com papel-manteiga e encha com feijão (para fazer peso e a massa não levantar no forno).

2. Leve ao forno preaquecido a 180 °C por 12 a 15 minutos. Retire do forno, remova o papel-manteiga com o feijão e deixe esfriar.

3. Bata o creme vegetal com 1 colher (sopa) do suco e as raspas de limão até ficar firme e volumoso; junte o açúcar e a manteiga de amendoim e volte a bater até obter um creme homogêneo.

4. À parte, coloque o ágar-ágar e a água em uma panelinha e leve ao fogo para ferver por 3 minutos, mexendo sempre. Retire, deixe esfriar por 2 minutos e junte na vasilha do creme. Bata novamente para incorporar.

5. Despeje o preparado sobre a massa, agite ligeiramente a fôrma e alise o topo com uma espátula.

6. Prepare a cobertura, misturando o xarope de tâmaras com a manteiga de amendoim. Cubra o topo da torta, polvilhe com os amendoins picados e decore com amores-perfeitos e folhas de hortelã. Leve à geladeira por 2 horas. Sirva bem frio.

NOTA: Para a versão sem glúten, use massa podre sem glúten (100% vegetal) pronta ou prepare uma base caseira sem glúten (p. 142).

1 massa podre (100% vegetal)

250 ml de creme vegetal para chantili ou creme de coco

1 limão-siciliano (raspas e suco)

4 a 6 colheres (sopa) de açúcar demerara ou açúcar de coco

½ xícara de manteiga de amendoim (cremosa)

1 colher (sopa) de ágar-ágar em pó (8 g)

½ xícara de água

COBERTURA

2 colheres (sopa) de xarope de tâmaras

1 colher (sopa) de manteiga de amendoim (cremosa)

½ xícara de amendoins tostados (para decorar)

amores-perfeitos e folhas de hortelã (para decorar)

Torta cremosa de chocolate e mirtilo

 20 minutos | Forno: 15 minutos   **6-8 porções**   **Médio**

BASE

1 xícara de farinha de trigo ou de espelta

½ xícara de farinha de trigo integral ou de espelta

2 a 4 colheres (sopa) de açúcar demerara

uma pitada de canela em pó

uma pitada de sal

5 colheres (sopa) de azeite, óleo de coco derretido ou de girassol

½ xícara de água ou suco natural de maçã

RECHEIO

200 ml de creme vegetal para chantili

2 a 4 colheres (sopa) de açúcar demerara

1 colher (sopa) de suco de limão-siciliano

200 g de chocolate culinário (100% vegetal)

mirtilos e hortelã (para decorar)

um fio de xarope de agave (opcional)

1. Prepare a base: Em uma vasilha, misture as farinhas, o açúcar, a canela e o sal. Misture o azeite e a água e mexa rapidamente todos os ingredientes, formando uma bola que se desgruda da tigela; se necessário, ajuste a farinha ou o líquido.

2. Abra a massa com o rolo sobre uma folha de papel-manteiga e transfira com cuidado para uma fôrma (com fundo removível); ajuste as bordas e fure o fundo com um garfo.

3. Leve ao forno preaquecido a 180 °C por cerca de 15 minutos. Retire e reserve.

4. Prepare o recheio: Bata o creme vegetal com o açúcar e o suco de limão (use a batedeira) até ficar volumoso e firme. Reserve. Em um recipiente, derreta o chocolate (partido em pedaços) com uma colherada do creme vegetal em banho-maria, até ficar cremoso. Passe o chocolate para a vasilha de creme batido e incorpore delicadamente até obter uma mistura homogênea.

5. Despeje o recheio sobre a base na fôrma e alise o topo. Leve à geladeira por 4 horas para endurecer. Desenforme e decore com mirtilos, folhas de hortelã e o xarope de agave, se desejar.

Torta de chocolate e figo

(SEM GLÚTEN E SEM AÇÚCAR)

 20 minutos | Forno: 20 minutos   **6-8 porções**   **Difícil**

BASE

½ xícara de tâmaras secas ou 3 colheres (sopa) de açúcar demerara

¾ de xícara de farinha de arroz integral

1 ½ xícara de farinha de aveia

uma pitada de sal

1 colher (sopa) de psyllium em pó

1 colher (café) de canela em pó

1 colher (café) de fermento químico em pó

½ limão-siciliano (raspas)

⅓ de xícara de azeite

½ xícara de água quente

1 colher (sopa) de farinha de linhaça

1 colher (sopa) de sementes de chia

RECHEIO

400 ml de leite de coco

8 colheres (sopa) de amido de milho

200 g de chocolate culinário (100% vegetal)

4 colheres (sopa) de xarope de agave ou açúcar de coco

uma pitada de sal fino

uma pitada de gengibre em pó (opcional)

6 figos pequenos, doces e maduros

1. Prepare a base: Triture as tâmaras (sem caroço) com a farinha de arroz no processador, por alguns segundos, até obter uma mistura fina (se for usar açúcar, ignore este passo e junte o açúcar e a farinha de arroz na vasilha das farinhas). Coloque em uma vasilha e junte a farinha de aveia, o sal, o psyllium, a canela, o fermento e as raspas de limão. Adicione o azeite e mexa, formando uma massa areada. À parte, misture a água quente com a farinha de linhaça e as sementes de chia e bata energicamente até formar uma goma. Passe essa mistura para a vasilha, incorpore tudo e molde uma bola de massa. Se necessário, umedeça-a com mais algumas gotas de água.

2. Coloque a massa em uma superfície de trabalho, sobre uma folha de papel-manteiga e cubra-a com filme de PVC ou papel-manteiga (para evitar que a massa grude). Abra a massa com o rolo até obter uma espessura fina. Unte uma fôrma para tortas (de preferência, com fundo removível) e transfira a massa; ajuste e apare as rebarbas.

3. Leve a massa ao forno preaquecido a 180 °C por cerca de 5 minutos. Retire e reserve.

4. Prepare o recheio: Coloque o leite de coco e o amido em uma panela e dissolva muito bem com um fouet. Leve ao fogo brando e mexa até engrossar. Retire do fogo e misture o chocolate partido em pedaços, o xarope de agave, o sal e o gengibre (se for usar), mexendo até ficar cremoso.

5. Despeje o creme sobre a massa, alise com uma espátula e distribua os figos (cortados em metades ou em quartos), pressionando-os ligeiramente. Leve mais uma vez ao forno por cerca de 15 minutos. Depois de esfriar, acondicione em geladeira. Sirva fria.

Torta de alfarroba

 20 minutos | Forno: 20 minutos   8 porções   Difícil

1. Prepare a base: Em uma vasilha, misture as farinhas, o açúcar, o sal, o psyllium, a canela, o fermento e as raspas de laranja. Adicione o azeite e mexa, formando uma massa areada. À parte, misture a água quente com as sementes de chia e a farinha de linhaça e bata energicamente até formar uma goma. Coloque na vasilha, incorpore tudo e molde uma bola de massa.

2. Coloque a massa em uma superfície de trabalho, sobre uma folha de papel-manteiga e cubra com filme de PVC ou papel-manteiga (para evitar que a massa grude). Abra a massa com o rolo até obter uma espessura fina. Unte uma fôrma (de preferência, com fundo removível) e transfira a massa; ajuste, apare as rebarbas e fure o fundo com um garfo.

3. Prepare o recheio: Em uma panela, leve o açúcar e a água ao fogo até ferver por 3 minutos, mexendo. Passe o açúcar diluído para uma vasilha e misture a farinha de linhaça, o azeite e o leite, batendo energicamente. Junte as amêndoas, o amido, as farinhas, a canela, o sal, o fermento e as raspas de laranja, batendo entre cada adição. Despeje o recheio sobre a massa e alise.

4. Leve ao forno preaquecido a 180 °C por 20 minutos (verifique o ponto espetando no centro da torta um palito, que deverá sair quase seco). Deixe esfriar, desenforme com cuidado e polvilhe com alfarroba e canela em pó.

NOTA: Prepare uma calda para servir: Em uma panela, ferva, por 2 minutos, 2 a 4 colheres (sopa) de açúcar demerara com ½ xícara de suco de laranja. À parte, dissolva 1 colher (sopa) de amido de milho e 1 colher (sopa) de alfarroba em pó em ½ xícara de água; misture na panela e mexa até engrossar um pouco. Sirva a calda quente sobre a torta, se desejar.

BASE

1 ½ xícara de farinha de aveia
¾ de xícara de farinha de arroz integral
1 colher (sopa) de alfarroba em pó
4 colheres (sopa) de açúcar demerara
uma pitada de sal
1 colher (sopa) de psyllium em pó
1 colher (café) de canela em pó
1 colher (café) de fermento químico em pó
½ laranja (raspas)
⅓ de xícara de azeite
½ xícara de água quente
1 colher (sopa) de sementes de chia
1 colher (sopa) de farinha de linhaça

RECHEIO

1 xícara de açúcar demerara
¼ de xícara de água
1 colher (sopa) de farinha de linhaça
4 colheres (sopa) de azeite
1 xícara de leite de amêndoas
1 xícara de amêndoas raladas
½ xícara de amido de milho
½ xícara de farinha de arroz integral
6 colheres (sopa) de alfarroba em pó + um pouco para polvilhar
1 colher (chá) de canela em pó + um pouco para polvilhar
uma pitada de sal
2 colheres (chá) de fermento químico em pó
1 laranja (raspas)

Torta de grão-de-bico

 10 minutos | Forno: 30 minutos   8-10 porções   Fácil

1 massa podre (100% vegetal) ou 1 base caseira (p. 149)

1½ xícara de grão-de-bico cozido (300 g)

4 colheres (sopa) de manteiga vegetal ou óleo de coco

1 xícara de leite vegetal

1 xícara de açúcar demerara

1 limão-siciliano (raspas e suco)

1 xícara de amêndoas raladas (100 g) + um pouco para polvilhar

4 colheres (sopa) de coco ralado

4 colheres (sopa) de amido de milho

1 colher (café) de canela em pó + um pouco para polvilhar

½ colher (sopa) de fermento químico em pó

1. Abra a massa e transfira-a para uma fôrma redonda (com fundo removível) untada; ajuste as bordas e fure o fundo com um garfo. Reserve na geladeira.

2. Prepare o recheio: Triture o grão-de-bico com a manteiga, o leite, o açúcar, as raspas e cerca de 1 colher (sopa) do suco de limão até obter um creme homogêneo. Transfira para uma vasilha e junte as amêndoas raladas, o coco ralado, o amido, a canela e o fermento químico em pó, mexendo para incorporar. Despeje o preparado sobre a massa na fôrma, agite ligeiramente e alise o topo com uma espátula.

3. Leve ao forno preaquecido a 180 °C por 30 minutos (verifique o ponto espetando no centro da torta um palito, que deverá sair quase seco). Deixe esfriar e polvilhe com amêndoas raladas e canela em pó.

NOTA: Para a versão sem glúten, use massa podre sem glúten (100% vegetal) pronta ou prepare uma base caseira sem glúten (p. 142). O recheio infla quando vai ao forno, mas abaixa quando esfria.

Torta rápida de amêndoas

 10 minutos | Forno: 30 minutos   8 porções   Médio

1. Reserve as amêndoas laminadas ou em palitos. Triture as amêndoas no processador até obter uma farinha fina.

2. Em uma vasilha, misture a farinha de linhaça e as sementes de chia com a água quente e bata energicamente até formar uma goma. Junte a manteiga, o leite, o açúcar, a farinha de arroz, o amido, as amêndoas raladas, o sal, a canela, o fermento e as raspas de limão, batendo entre cada adição.

3. Unte uma fôrma redonda (de 22 cm), despeje a massa e disponha por cima as amêndoas laminadas ou em palitos.

4. Leve ao forno preaquecido a 180 °C por cerca de 30 minutos (verifique o ponto espetando no centro da torta um palito, que deverá sair seco). Deixe esfriar e desenforme. Se desejar um acabamento brilhante, decore com fios de xarope de agave.

NOTA: Pode usar amêndoas com pele (a torta ficará mais acastanhada) e substituir a farinha de arroz por farinha de trigo (nesse caso, a torta terá glúten).

100 g de amêndoas em lâminas ou em palitos

250 g de amêndoas sem pele

1 colher (sopa) de farinha de linhaça

1 colher (sopa) de sementes de chia

4 colheres (sopa) de água quente

4 colheres (sopa) de manteiga vegetal ou azeite

1 xícara de leite vegetal

1 xícara de açúcar mascavo

½ xícara de farinha de arroz integral

250 g de amêndoas sem pele ou ralada

½ xícara de amido de milho

uma pitada de sal

1 colher (chá) de canela em pó

2 colheres (chá) de fermento químico em pó

1 limão-siciliano (raspas)

1 colher (sopa) de xarope de agave (opcional; para decorar)

Torta de abóbora e mexerica

 30 minutos | Forno: 30 minutos   **10 porções**   Médio

1. Descasque e corte a abóbora em cubos. Raspe a cascade 4 mexericas e reserve; extraia o suco.

2. Coloque a abóbora, o suco das mexericas e o pau de canela em uma panela e cozinhe por cerca de 20 minutos. Descarte o pau de canela e amasse até obter um purê. Deixe esfriar.

3. Coloque o purê de abóbora (cerca de 2 xícaras) em uma vasilha. Adicione o óleo, o açúcar, as farinhas, o coco ralado, a farinha de linhaça, a canela em pó, o gengibre (se for usar), o fermento, o bicarbonato e as raspas reservadas, mexendo entre cada adição.

4. Unte uma fôrma redonda para torta. Despeje a massa e alise o topo. Corte, com uma faca larga e serrilhada, as 4 mexericas pequenas em fatias finas, retire os caroços e disponha-as sobre a massa.

5. Leve ao forno a 180 °C por cerca de 30 minutos (verifique o ponto espetando no centro da torta um palito, que deverá sair quase seco). Deixe esfriar completamente.

NOTA: Para preparar a torta sem açúcar, triture 150 g de tâmaras secas (sem caroço e cortadas em pedaços) juntamente com a abóbora cozida.

500 g de abóbora-manteiga

4 mexericas (raspas e suco) + 4 mexericas pequenas para decorar

1 pau de canela

4 colheres (sopa) de óleo de girassol, azeite ou óleo de coco derretido

½ xícara de açúcar mascavo ou açúcar de coco

1 xícara de farinha de aveia

½ xícara de farinha de arroz integral

½ xícara de coco ralado

1 colher (sopa) de farinha de linhaça

1 colher (chá) de canela em pó

½ colher (café) de gengibre em pó (opcional)

½ colher (sopa) de fermento químico em pó

1 colher (café) de bicarbonato de sódio

Torta de maçã com cobertura de morangos

(SEM AÇÚCAR)

 30 minutos | Forno: 25 minutos   **8 porções**   **Difícil**

BASE

1 xícara de farinha de trigo ou de espelta

½ xícara de farinha de trigo integral ou de espelta

1 colher (café) de canela em pó

uma pitada de sal

½ xícara de suco natural de maçã ou água

5 colheres (sopa) de óleo de girassol, azeite ou óleo de coco derretido

2 colheres (sopa) de xarope de agave

RECHEIO

1,5 kg de maçãs maduras

2 colheres (sopa) de água

1 colher (sopa) de ágar-ágar em pó (8 g)

4 colheres (sopa) de xarope de agave

1 colher (chá) de canela em pó

1 limão-siciliano (raspas)

COBERTURA (OPCIONAL)

½ xícara de suco de maçã natural

½ colher (chá) de ágar-ágar em pó

3 colheres (sopa) de xarope de agave

8 morangos pequenos

1. Prepare a base: Em uma vasilha, misture as farinhas, a canela e o sal. À parte, misture o suco de maçã, o óleo e o xarope de agave e passe para a vasilha das farinhas. Mexa rapidamente até formar uma bola que se desprende da tigela; se necessário, ajuste a farinha ou o líquido.

2. Abra a massa com o rolo em uma superfície enfarinhada ou sobre uma folha de papel-manteiga. Unte uma fôrma redonda (de preferência, com fundo removível) e transfira a massa; apare as bordas e fure o fundo com um garfo.

3. Leve ao forno preaquecido a 180 °C por 10 minutos. Retire e reserve.

4. Prepare o recheio: Descasque as maçãs e corte-as em fatias finas. Passe-as para uma panela, acrescente a água e leve ao fogo por 10 minutos ou até a maçã ficar macia. Junte o ágar-ágar e deixe ferver por 3 minutos. Retire do fogo e misture o xarope de agave, a canela e as raspas de limão.

5. Despeje o preparado de maçã sobre a massa e alise o topo com uma espátula. Leve de novo ao forno por 15 a 20 minutos. Retire e deixe esfriar.

6. Prepare a cobertura: Misture o suco, o ágar-ágar e o xarope de agave e leve ao fogo para ferver por 3 a 5 minutos. Disponha os morangos cortados no topo da torta e cubra com a mistura gelatinosa ainda quente. Leve à geladeira e sirva a torta fria.

Torta de maçã e cereja

 20 minutos | Forno: 18 minutos   **10 porções**   **Fácil**

1. Mantenha a massa filo na geladeira até ao momento de usar.

2. Corte as maçãs em cubinhos (com a casca) e retire os caroços das cerejas.

3. Em uma panela, coloque as maçãs, as cerejas, o vinho do Porto, o pau de canela, a canela em pó, o sal e o açúcar. Leve ao fogo brando e mexa por cerca de 5 minutos ou até a maçã começar a ficar macia. Junte as raspas de limão.

4. Abra a massa filo, pincele as folhas com azeite e sobreponha-as em forma de estrela. Transfira para uma fôrma com fundo removível ou para uma fôrma redonda forrada com papel-manteiga.

5. Espalhe metade do amido de milho e das amêndoas sobre a base (para absorver o excesso de umidade da fruta). Despeje o recheio de maçã e cereja e polvilhe com o restante do amido e das amêndoas raladas. Puxe as pontas da massa filo, com cuidado, formando uma coroa.

6. Leve ao forno preaquecido a 180 °C por 18 a 20 minutos ou até dourar. Coloque a torta sobre uma grade de resfriamento ou sirva em seguida.

NOTA: As cerejas podem ser substituídas por mirtilos, framboesas ou amoras. Para a versão sem glúten, opte por massa sem glúten.

4 a 5 folhas de massa filo
4 maçãs grandes
1 a 2 xícaras de cerejas
1 colher (sopa) de vinho do Porto ou licor
1 pau de canela
1 a 2 colheres (chá) de canela em pó
uma pitada de sal
4 a 6 colheres (sopa) de açúcar mascavo ou açúcar de coco
1 limão-siciliano (raspas)
3 colheres (sopa) de azeite (para pincelar)
4 colheres (sopa) de amido de milho (para polvilhar)
4 colheres (sopa) de amêndoas raladas (para polvilhar)

Galette de ameixa e pêssego

(SEM GLÚTEN E SEM AÇÚCAR)

 10 minutos | Forno: 30 minutos   **8 porções**   **Médio**

BASE

1 ½ xícara de farinha de aveia

¾ de xícara de farinha de arroz integral

uma pitada de sal

1 colher (sopa) de psyllium em pó

1 colher (café) de canela em pó + um pouco para polvilhar

1 colher (café) de fermento químico em pó

½ limão-siciliano (raspas)

3 colheres (sopa) de xarope de agave ou açúcar de coco

⅓ de xícara de azeite ou óleo de coco derretido

½ xícara de água quente

1 colher (sopa) de sementes de chia

1 colher (sopa) de farinha de linhaça

RECHEIO

2 ameixas maduras

2 pêssegos maduros

2 colheres (sopa) de xarope de agave ou açúcar de coco

2 colheres (sopa) de amido de milho

1 limão-siciliano (raspas)

2 colheres (sopa) de amêndoas picadas (para polvilhar)

1. Prepare a base: Em uma vasilha, misture as farinhas, o sal, o psyllium, a canela, o fermento e as raspas de limão. Adicione o xarope de agave e o azeite e mexa, formando uma massa areada. À parte, misture a água quente com as sementes de chia e a farinha de linhaça e bata energicamente até formar uma goma. Passe a mistura para a vasilha com as farinhas, incorpore tudo e molde uma bola. Se necessário, umedeça-a com mais algumas gotas de água.

2. Coloque a massa em uma superfície de trabalho, sobre uma folha de papel-manteiga; cubra com filme de PVC (para evitar que a massa grude) e abra com o rolo até obter uma espessura fina. Reserve.

3. Prepare o recheio: Corte as ameixas e os pêssegos em fatias finas (com a casca). Passe para uma vasilha e envolva com o xarope de agave, o amido e as raspas de limão.

4. Despeje o recheio sobre a massa aberta e dobre as pontas com cuidado, formando uma galette rústica. Polvilhe com as amêndoas picadas e a canela em pó. Transfira com o papel-manteiga para uma assadeira.

5. Leve ao forno preaquecido a 180 °C por 30 minutos ou até dourar. Coloque a galette sobre uma grade de resfriamento.

NOTA: Se a fruta estiver pouco suculenta, depois de fatiá-la passe para uma panela e leve ao fogo por 5 minutos para amolecer. Se preferir, prepare a base com farinha de trigo (seguindo a receita da p. 161); nesse caso, a galette terá glúten.

Clafoutis de cereja e mirtilo

(SEM GLÚTEN E SEM AÇÚCAR)

 15 minutos | Forno: 25 minutos   8 porções   Fácil

1. Bata a água fria do cozimento do grão-de-bico com 1 colher (sopa) do suco de limão por cerca de 10 minutos ou até ficar volumosa e firme (use uma batedeira potente).

2. Adicione, aos poucos, o óleo de coco derretido, o xarope de agave, a farinha de aveia, as amêndoas raladas, o fubá, o sal, o açafrão, o extrato de baunilha, as raspas de limão e o fermento.

3. Unte uma fôrma para torta. Despeje a massa e distribua, por cima, as cerejas (sem caroço) e os mirtilos.

4. Leve ao forno preaquecido a 180 °C por 25 minutos.

NOTA: A água do cozimento do grão-de-bico (aquafaba) deve ser espessa e estar fria; para tal, depois de cozinhar o grão-de-bico, ferva a água do cozimento por 15 minutos ou até reduzir ⅓, coe e conserve na geladeira. Se usar fôrmas ou ramequins individuais, reduza o tempo no forno para 15 a 18 minutos.

¾ de xícara da água do cozimento do grão-de-bico (aquafaba)

1 limão-siciliano (raspas e suco)

¼ de xícara de óleo de coco derretido

½ xícara de xarope de agave ou açúcar de coco

½ xícara de farinha de aveia

½ xícara de amêndoas raladas

2 colheres (sopa) de fubá

uma pitada de sal

uma pitada de açafrão

1 colher (café) de extrato de baunilha

1 colher (chá) de fermento químico em pó

200 g de cerejas

100 g de mirtilos

Strudel de maçã e frutas vermelhas

 20 minutos | Forno: 18 minutos   **12 porções**   **Fácil**

1 massa folhada retangular (100% vegetal)

3 maçãs

1 xícara de morangos

1 xícara de frutas vermelhas variadas (frescas ou congeladas)

1 a 2 colheres (chá) de canela em pó

1 colher (chá) de mixed spice (opcional)

3 colheres (sopa) de uvas-passas

6 colheres (sopa) de açúcar mascavo ou açúcar de coco

1 limão-siciliano ou taiti (raspas)

4 colheres (sopa) de amido de milho (para polvilhar)

4 colheres (sopa) de amêndoas raladas (para polvilhar)

1 colher (sopa) de xarope de agave ou água (para pincelar)

uma pitada de açafrão (para pincelar)

1. Mantenha a massa folhada na geladeira até a hora de usar.

2. Corte as maçãs em fatias finas e lamine os morangos.

3. Em uma panela, misture as maçãs, os morangos, as frutas vermelhas, a canela, a mixed spice (se for usar), as uvas-passas e o açúcar. Leve ao fogo brando e mexa por cerca de 5 minutos ou até a maçã começar a ficar macia. Junte as raspas de limão.

4. Abra a massa sobre o papel-manteiga; dobre-a em três partes iguais no sentido do comprimento e pressione ligeiramente para vincar. Volte a abrir a massa e obterá uma parte central e duas abas. Com uma tesoura, faça 14 cortes ao longo das abas, na diagonal, deixando intacta a tira central.

5. Polvilhe a tira central com metade do amido e das amêndoas (para absorver o excesso de umidade da fruta). Disponha o recheio ao longo da parte central da massa e polvilhe com o restante do amido e das amêndoas raladas. Feche, entrelaçando as tiras de forma alternada até obter uma trança.

6. Misture o xarope de agave com o açafrão (junte umas gotas de água se estiver espesso) e pincele o topo da massa.

7. Leve ao forno preaquecido a 200 °C por 18 a 20 minutos ou até dourar. Coloque o strudel sobre uma grade de resfriamento ou sirva em seguida.

NOTA: A maçã pode ser combinada com outra fruta da época, como ameixa ou pêssego. Para a versão sem glúten, opte por massa folhada sem glúten (100% vegetal).

Tronco de Natal

 20 minutos | Forno: 20 minutos   **12 porções**   **Difícil**

BASE

1 ½ xícara de farinha de trigo ou de espelta

½ xícara de farinha de trigo integral ou de espelta

1 xícara de açúcar demerara

1 colher (sopa) de farinha de linhaça

1 colher (sopa) de psyllium em pó

2 colheres (chá) de fermento químico em pó

1 colher (café) de bicarbonato de sódio

1 xícara de leite vegetal

½ xícara de óleo de girassol ou óleo de coco derretido

1 colher (sopa) de vinho do Porto

½ limão-siciliano (raspas e suco)

RECHEIO E COBERTURA

200 g de chocolate culinário (100% vegetal)

250 ml de creme vegetal para chantili

2 colheres (sopa) de suco de limão-siciliano

2 a 4 colheres (sopa) de açúcar demerara

1 colher (chá) de coco ralado (para polvilhar)

1. Prepare a base: em uma vasilha, misture os ingredientes secos: as farinhas, o açúcar (peneirado), a farinha de linhaça, o psyllium, o fermento e o bicarbonato.

2. À parte, misture os líquidos: o leite, o óleo, o vinho do Porto e o suco de limão. Passe para a vasilha das farinhas e bata com um fouet por cerca de 1 minuto, para incorporar e obter uma massa homogênea. Junte as raspas de limão e envolva levemente.

3. Forre uma fôrma retangular (de 24 x 36 cm) com uma folha de papel-manteiga e despeje a massa.

4. Leve ao forno preaquecido a 180 °C por cerca de 20 minutos (verifique o ponto espetando no centro um palito).

5. Enquanto o bolo está no forno, prepare o creme para o recheio e a cobertura. Derreta 150 g do chocolate em banho-maria até ficar cremoso. Bata o creme vegetal com o suco de limão e o açúcar até ficar volumoso e firme (use a batedeira); envolva o chocolate derretido e bata novamente para incorporar.

6. Desenforme o bolo quente sobre uma folha de papel-manteiga (ou um pano seco), em uma superfície de trabalho. Remova o papel-manteiga que foi ao forno e agora está por cima e, com uma espátula, espalhe de imediato metade do creme preparado, cobrindo o topo. Com a ajuda do papel-manteiga de baixo, enrole a massa com cuidado, partindo da parte mais larga e formando um rolo comprido. Deixe esfriar completamente, envolvido na folha.

7. Transfira o bolo para uma base de servir. Com uma faca larga, corte uma fatia de cerca de 5 cm na diagonal e, com um pouco de creme de chocolate, cole na lateral.

8. Envolva o tronco com o restante do creme (se ficar espesso, junte mais creme vegetal) e faça sulcos com um garfo. Polvilhe o restante do chocolate (ralado) e o coco e decore com folhas de azevinho e groselhas.

Salame de chocolate e avelã

 20 minutos   10 porções   Fácil

1. Parta os biscoitos em pedacinhos: coloque-os em um saco e bata com um rolo de abrir massa (não use o processador). Coloque em uma vasilha grande e reserve.

2. Pique grosseiramente as avelãs com uma faca afiada e leve-as ao fogo em uma frigideira antiaderente por cerca de 3 minutos ou até dourarem.

3. Aqueça o leite e dissolva o açúcar. Acrescente a manteiga e o extrato de baunilha (se for usar) e mexa. Retire do fogo e junte o chocolate partido em pedaços, mexendo até obter um creme liso.

4. À parte, misture a farinha de linhaça com a água quente e mexa energicamente até formar uma goma. Acrescente a goma da linhaça, o creme de chocolate e as avelãs na vasilha dos biscoitos e envolva bem até obter uma massa pegajosa.

5. Estenda uma folha de papel-manteiga ou um pedaço de filme de PVC em uma superfície de trabalho. Espalhe a mistura ao longo da folha, polvilhe com o cacau, enrole a folha e molde em forma de rolo, pressionando com as mãos para que fique compacto. Leve à geladeira para endurecer durante, pelo menos, 4 horas. Sirva cortado em fatias.

NOTA: Para a versão sem glúten, use biscoitos sem glúten.

200 g de biscoito maria (100% vegetal)
½ xícara de avelãs
4 colheres (sopa) de leite vegetal
3 colheres (sopa) de açúcar demerara
3 colheres (sopa) de manteiga vegetal
1 colher (café) de extrato de baunilha (opcional)
100 g de chocolate culinário (100% vegetal)
1 colher (sopa) de farinha de linhaça
2 colheres (sopa) de água quente
1 colher (sopa) de cacau em pó (opcional; para polvilhar)

Bolos e brownies

Bolo de chocolate

 20 minutos | Forno: 30 minutos   **12 porções**   **Fácil**

1. Em uma vasilha, peneire e misture os ingredientes secos: as farinhas, o açúcar, o cacau, o fermento e o bicarbonato.

2. À parte, misture os ingredientes líquidos: o leite, o óleo e o suco de limão. Passe a mistura para a vasilha das farinhas e bata com um fouet por cerca de 1 minuto, para incorporar e obter uma massa homogênea. (Repita a receita caso pretenda fazer o bolo recheado.)

3. Unte a fôrma (ou as fôrmas) com óleo e polvilhe com farinha. Despeje a massa.

4. Leve ao forno preaquecido a 180 °C por cerca de 30 minutos (verifique o ponto espetando no centro do bolo um palito, que deverá sair seco). Desenforme depois de esfriar.

5. Prepare o recheio (se quiser um bolo recheado): Aqueça o creme vegetal e o açúcar (se for usar) em fogo brando até este se dissolver. Retire do fogo, junte o chocolate (partido em pedaços) e mexa com uma espátula até derreter completamente.

6. Prepare a cobertura: Leve ao fogo o creme vegetal e o açúcar (se for usar) até este se dissolver: Retire do fogo, junte o chocolate e mexa até derreter. Use ainda quente.

7. Coloque o bolo no prato de servir e, se necessário, corte o topo para nivelar. Espalhe por cima a cobertura (bolo simples) ou o recheio (neste caso, sobreponha depois o segundo bolo e passe a cobertura). Decore com as avelãs picadas e as folhinhas de hortelã.

NOTA: Para a versão sem glúten, substitua as farinhas de trigo por 1 xícara de farinha de aveia, ½ xícara de farinha de arroz integral e ½ xícara de fécula de batata. Adicione 1 colher (sopa) de psyllium em pó na vasilha das farinhas. Mantenha o restante dos ingredientes e siga o mesmo preparo.

MASSA (POR BOLO)

1 ½ xícara de farinha de trigo ou de espelta

½ xícara de farinha de trigo integral ou de espelta

1 ½ xícara de açúcar demerara

5 colheres (sopa) de cacau em pó

1 colher (sopa) de fermento químico em pó

1 colher (café) de bicarbonato de sódio

1 ½ xícara de leite vegetal

½ xícara de óleo de girassol

1 colher (sopa) de suco de limão-siciliano

RECHEIO DE GANACHE (PARA UM BOLO RECHEADO)

60 ml de creme vegetal para chantili

2 colheres (sopa) de açúcar (opcional)

100 g de chocolate culinário (100% vegetal)

COBERTURA

90 ml de creme vegetal para chantili ou 3 colheres (sopa) de manteiga vegetal

2 colheres (sopa) de açúcar demerara (opcional)

100 g de chocolate culinário (100% vegetal)

avelãs picadas e hortelã (para decorar)

Bolo cremoso de chocolate

 15 minutos | Forno: 15 minutos   6-8 porções   Muito fácil

200 g de chocolate culinário (100% vegetal)

200 ml de creme de soja

¼ de xícara de óleo de coco ou de girassol

½ xícara de leite vegetal

1 colher (sopa) de suco de limão-siciliano

1 xícara de açúcar demerara ou mascavo

¾ de xícara de farinha de espelta ou de trigo

uma pitada de sal

1 colher (sopa) de farinha de linhaça ou psyllium em pó

2 colheres (chá) de fermento químico em pó

cacau em pó (para polvilhar)

avelãs picadas (para polvilhar)

1. Parta o chocolate em pedaços e derreta-o, em banho-maria, com metade do creme de soja e o óleo de coco.

2. Transfira para uma vasilha e misture o restante do creme, o leite, o suco de limão, o açúcar (peneirado), a farinha, o sal, a farinha de linhaça e o fermento, mexendo entre cada adição com um fouet.

3. Forre o fundo de uma fôrma (de 22 cm) com papel-manteiga. Unte as paredes com óleo e polvilhe com cacau em pó. Despeje a massa.

4. Leve ao forno preaquecido a 180 °C por cerca de 15 minutos (o topo deve ficar seco e o interior mole e balançando ligeiramente). Retire do forno e desenforme com cuidado. Sirva morno, polvilhado com cacau e avelãs picadas.

NOTA: Para a versão sem glúten, substitua a farinha de espelta por ½ xícara de farinha de aveia e ¼ de xícara de farinha de arroz integral. Siga a receita normalmente usando os demais ingredientes.

Bolo brigadeiro

(SEM GLÚTEN)

 20 minutos | Forno: 25 minutos   **12 porções**   **Médio**

1. Em uma vasilha, misture os ingredientes secos: as farinhas, a fécula, o açúcar, o cacau, a farinha de linhaça, o psyllium, o fermento e o bicarbonato.

2. À parte, misture os ingredientes líquidos: o leite, o óleo, o suco de limão e o extrato de baunilha (se for usar). Passe para a vasilha com as farinhas e misture com um fouet, para incorporar e obter uma massa homogênea.

3. Unte 2 fôrmas iguais (de 22 cm) com óleo e polvilhe com farinha. Despeje metade da massa em cada uma.

4. Leve ao forno preaquecido a 180 °C por 25 minutos (verifique o ponto espetando no centro do bolo um palito, que deverá sair seco). Desenforme com cuidado.

5. Prepare o creme do recheio e da cobertura: Misture o leite condensado com o cacau e o chocolate e leve ao fogo por 10 minutos ou até engrossar. Retire do fogo e deixe esfriar.

6. Coloque um dos bolos no prato de servir e, se necessário, corte o topo para nivelar. Passe 4 colheradas do creme e espalhe com uma espátula. Sobreponha o segundo bolo, cubra com o restante do creme e polvilhe com o granulado de chocolate. Leve à geladeira. Sirva frio.

NOTA: As farinhas de aveia e de arroz e a fécula de batata podem ser substituídas por 3 xícaras de farinha de espelta ou de trigo; nesse caso, o bolo terá glúten.

1 ½ xícara de farinha de aveia
¾ de xícara de farinha de arroz integral
¾ de xícara de fécula de batata
1 ½ xícara de açúcar demerara
6 colheres (sopa) de cacau em pó
1 colher (sopa) de farinha de linhaça
2 colheres (sopa) de psyllium em pó
1 colher (sopa) de fermento químico em pó
½ colher (café) de bicarbonato de sódio
1 ½ xícara de leite vegetal
¾ de xícara de óleo de girassol ou óleo de coco derretido
2 colheres (sopa) de suco de limão-siciliano ou 1 colher (sopa) de vinagre de maçã
1 colher (café) de extrato de baunilha (opcional)

RECHEIO E COBERTURA

320 g de leite de coco condensado
3 colheres (sopa) de cacau em pó
50 g de chocolate culinário (100% vegetal)
100 g de granulado de chocolate (100% vegetal, para decorar)

Bolo de alfarroba com creme e chocolate

 20 minutos | Forno: 30 minutos   **10 porções**   **Fácil**

1. Em uma vasilha, misture os ingredientes secos: as farinhas, o açúcar (peneirado), o cacau, o gengibre, a farinha de linhaça, o fermento e o bicarbonato.

2. À parte, misture os ingredientes líquidos: o leite, o óleo, o suco de limão e o extrato de baunilha (se for usar). Passe a mistura para a vasilha das farinhas e bata com um fouet por cerca de 1 minuto até obter uma massa homogênea. (Repita a receita caso pretenda fazer um bolo recheado.)

3. Unte a fôrma (ou as fôrmas) com óleo e polvilhe com alfarroba em pó. Despeje a massa.

4. Leve ao forno preaquecido a 180 °C por cerca de 30 minutos (verifique o ponto espetando no centro do bolo um palito, que deverá sair seco). Desenforme depois de esfriar.

5. Prepare o recheio (se quiser um bolo recheado): Bata o creme vegetal com as raspas e o suco de limão e o açúcar até ficar volumoso e firme (use a batedeira). Misture a geleia e envolva levemente. Reserve na geladeira.

6. Prepare a cobertura: Leve ao fogo o creme ou o leite vegetal e o açúcar até este se dissolver. Retire do fogo e junte o chocolate, mexendo até derreter. Use morna.

7. Coloque o bolo no prato de servir e, se necessário, corte o topo para nivelar. Espalhe por cima a cobertura (bolo simples) ou o recheio (bolo recheado; sobreponha depois o segundo bolo e a cobertura). Decore com folhinhas de hortelã, nozes-pecãs e frutas vermelhas.

NOTA: Se preparar apenas 1 bolo, pode cobri-lo com o creme vegetal em vez do creme de chocolate. Para a versão sem glúten, substitua as farinhas de trigo por 1 xícara de farinha de aveia, ½ xícara de farinha de arroz integral e ½ xícara de fécula de batata e adicione 1 colher (sopa) de psyllium em pó na vasilha das farinhas. Siga a receita normalmente usando os demais ingredientes.

MASSA (POR BOLO)

1 ½ xícara de farinha de trigo ou de espelta

½ xícara de farinha de trigo integral ou de espelta

3 colheres (sopa) de alfarroba em pó + um pouco para polvilhar

1 ½ xícara de açúcar demerara

2 colheres (sopa) de cacau em pó

uma pitada de gengibre em pó

1 colher (sopa) de farinha de linhaça

1 colher (sopa) de fermento químico em pó

1 colher (café) de bicarbonato de sódio

1 xícara de leite vegetal

½ xícara de óleo de girassol

1 colher (sopa) de suco de limão-siciliano

1 colher (café) de extrato de baunilha (opcional)

RECHEIO DE CREME (PARA UM BOLO RECHEADO)

125 ml de creme vegetal para chantili

½ limão-siciliano (raspas e suco)

1 colher (sopa) de açúcar demerara

2 colheres (sopa) de geleia de frutas vermelhas

COBERTURA

4 colheres (sopa) de creme ou leite vegetal

1 a 2 colheres (sopa) de açúcar demerara

100 g de chocolate culinário (100% vegetal)

frutas vermelhas, nozes-pecãs e hortelã (para decorar)

Bolo mármore

 **15 minutos** | Forno: 35 minutos   12 porções   Fácil

1. Em uma vasilha, misture os ingredientes secos: as farinhas, o açúcar (peneirado), o sal, o fermento e o bicarbonato.

2. À parte, misture o leite, o óleo, o suco de limão e a farinha de linhaça, mexendo energicamente. Passe para a vasilha das farinhas e bata com o fouet por cerca de 1 minuto, para incorporar e obter uma massa homogênea.

3. Passe cerca de ⅓ da massa para um recipiente à parte; misture o cacau em pó e as 4 colheres de leite e envolva bem.

4. Unte uma fôrma com óleo e polvilhe com farinha. Coloque a primeira massa (amarela), seguida, em pequenas porções separadas, da segunda massa (de cacau). Revolva delicadamente a massa de cacau com um garfo para obter o efeito mármore.

5. Leve ao forno preaquecido a 180 °C por 35 a 40 minutos (verifique o ponto espetando no centro do bolo um palito, que deverá sair seco). Deixe esfriar e desenforme.

6. Prepare a cobertura: Em uma panela, ferva, por 2 minutos, o açúcar, a água e o cacau, mexendo sempre. À parte, dissolva o amido no leite e junte à panela, mexendo por mais 2 minutos. Coloque a cobertura no bolo já frio e desenformado, sem cobri-lo totalmente, para reforçar o efeito marmorizado.

2 xícaras de farinha de trigo ou de espelta

1 xícara de farinha de trigo integral ou de espelta

1 ¾ xícara de açúcar demerara

uma pitada de sal

1 colher (sopa) de fermento químico em pó

1 colher (café) de bicarbonato de sódio

1 ½ xícara + 4 colheres (sopa) de leite vegetal

½ xícara de óleo de girassol ou óleo de coco derretido

1 colher (sopa) de suco de limão-siciliano

2 colheres (sopa) de farinha de linhaça

4 colheres (sopa) de cacau em pó

COBERTURA (OPCIONAL)

2 a 3 colheres (sopa) de açúcar demerara

3 colheres (sopa) de água

1 colher (sopa) de cacau em pó

½ colher (sopa) de amido de milho

2 colheres (sopa) de leite vegetal

Bolo Red Velvet

(DE CACAU E BETERRABA)

 30 minutos | Forno: 35 minutos   12 porções   Difícil

1. Lave e corte a beterraba em fatias grossas. Leve ao fogo em uma panela com água e cozinhe por cerca de 25 minutos. Escorra bem e remova a casca no final (assim, retém a cor). Amasse até obter um purê e deixe esfriar. (Para fazer um bolo recheado, é preciso de 1 xícara de purê.)

2. Em uma vasilha, misture ½ xícara de purê de beterraba, o leite, o óleo, o vinagre e o suco de limão. Junte o açúcar (peneirado), a farinha, o cacau, a farinha de linhaça e o fermento e bata com um fouet entre cada adição, para obter uma massa homogênea. (Repita caso pretenda fazer um bolo recheado.)

3. Unte uma fôrma (ou fôrmas, de 22 cm) com óleo e polvilhe com farinha. Despeje a massa.

4. Leve ao forno preaquecido a 180 °C por cerca de 35 minutos (verifique o ponto espetando no centro do bolo um palito, que deverá sair seco). Desenforme depois de esfriar.

5. Prepare o creme: Bata o creme vegetal com o açúcar e o suco de limão até ficar firme. Junte o creme vegetal e volte a bater para incorporar. Prove e ajuste o suco de limão, se necessário.

6. Coloque o bolo no prato de servir e, se necessário, corte o topo para nivelar. Espalhe o creme para cobrir (bolo simples) ou para rechear (bolo recheado; sobreponha depois o segundo bolo e cubra com mais creme). Use um saco de confeiteiro para decorar e distribua framboesas e folhinhas de hortelã. Reserve na geladeira até servir.

NOTA: Prepare uma versão especial deste bolo para o Halloween. Nesse caso, recheie o bolo com 4 colheres (sopa) de compota de morango. Prepare a cobertura, derretendo 100 g de chocolate culinário (100% vegetal) em banho-maria com 2 colheres (sopa) de creme vegetal até ficar cremoso. Espalhe sobre o topo do bolo, com movimentos circulares. Bata 80 ml de creme vegetal para chantili com 1 colher (chá) de suco de limão e 1 colher (chá) de açúcar demerara até ficarem firmes; transfira para um saco de confeiteiro com bico fino e desenhe uma espiral, partindo do centro da cobertura de chocolate, ainda morna. Com um palito, desenhe 4 linhas, partindo sempre do centro do bolo para as bordas e depois subdivida-as, formando uma "teia".

MASSA (POR BOLO)

250 g de beterraba crua
½ xícara de leite vegetal
½ xícara de óleo de girassol
1 colher (sopa) de vinagre de arroz
1 colher (sopa) de suco de limão-siciliano
1 ½ xícara de açúcar demerara
2 xícaras de farinha de trigo
1 colher (sopa) de cacau em pó
1 colher (sopa) de farinha de linhaça
1 colher (sopa) de fermento químico em pó

CREME

125 ml de creme vegetal para chantili
2 colheres (sopa) de açúcar demerara
2 colheres (sopa) de suco de limão-siciliano
4 colheres (sopa) de creme vegetal de soja, coco ou amêndoa (tipo queijo)
framboesas e hortelã (para decorar)

Bolo delícia de morango

 20 minutos | Forno: 30 minutos   **10 porções**   **Fácil**

1 ½ xícara de farinha de trigo ou de espelta

½ xícara de farinha de trigo integral ou de espelta

1 xícara de açúcar demerara ou açúcar de coco

1 colher (sopa) de sementes de papoula

½ colher (chá) de canela em pó

1 colher (sopa) de fermento químico em pó

1 colher (café) de bicarbonato de sódio

1 xícara de leite vegetal

½ xícara de óleo de girassol ou óleo de coco derretido

½ limão-siciliano (raspas e suco)

½ xícara de morangos picados

½ xícara de mirtilos ou amoras silvestres (opcional)

COBERTURA

125 ml de creme vegetal para chantili

1 colher (sopa) de açúcar demerara (opcional)

½ limão-siciliano (raspas e suco)

1 a 2 colheres (sopa) de doce de morango

morangos e sementes de papoula (para decorar)

1. Em uma vasilha, misture os ingredientes secos: as farinhas, o açúcar (peneirado), as sementes de papoula, a canela, o fermento e o bicarbonato.

2. À parte, misture os ingredientes líquidos: o leite, o óleo e 1 colher (sopa) do suco de limão. Passe para a vasilha das farinhas, mexendo com um fouet por cerca de 1 minuto para incorporar e obter uma massa homogênea. Junte as raspas de limão, os morangos picados e os mirtilos (se for usar), envolvendo levemente.

3. Unte uma fôrma (de 22 cm) com óleo e polvilhe com farinha. Despeje a massa.

4. Leve ao forno preaquecido a 180 °C por cerca de 30 minutos (verifique o ponto espetando no centro um palito, que deverá sair seco). Desenforme depois de esfriar.

5. Prepare a cobertura: Bata o creme vegetal com o açúcar (se for usar), as raspas e 1 colher (sopa) do suco de limão até ficar volumoso e firme (use a batedeira). Junte o doce de morango e envolva delicadamente.

6. Espalhe a cobertura com uma espátula sobre o bolo. Decore com morangos (mantenha as hastes) e sementes de papoula e leve à geladeira. Sirva frio.

NOTA: Para um bolo em duas camadas, duplique a massa e divida-a por 2 fôrmas iguais, usando o creme como recheio e cobertura; nesse caso, duplique também a receita do creme.

Bolo de coco e abacaxi

 20 minutos | Forno: 30 minutos   12 porções   Médio

1. Em uma vasilha, misture os ingredientes secos: as farinhas, o coco, o açúcar (peneirado), o fermento, o bicarbonato, a farinha de linhaça e o psyllium.

2. À parte, misture os ingredientes líquidos: o suco de abacaxi (pode usar ½ xícara de suco e ½ xícara de água), o óleo e 1 colher (sopa) do suco de limão. Passe para a vasilha das farinhas e envolva até obter uma massa homogênea. Misture as raspas de limão. Repita para fazer o segundo bolo.

3. Unte com óleo e polvilhe com farinha 2 fôrmas iguais (ou use a mesma fôrma depois de o primeiro bolo assar). Despeje a massa.

4. Leve ao forno preaquecido a 180 °C por 25 a 30 minutos (verifique o ponto espetando no centro do bolo um palito, que deverá sair seco). Desenforme depois de esfriar.

5. Prepare o recheio: Triture o abacaxi ou pique-o muito bem com uma faca afiada. Coloque-o em uma panela, junte o açúcar e leve ao fogo por 2 minutos. Dissolva o amido no suco e despeje na panela; adicione o coco e mexa bem até engrossar. Retire do fogo e deixe esfriar.

6. Prepare a cobertura quando for montar o bolo. Dissolva bem o amido no leite frio com um fouet. Junte o açúcar e as cascas de limão e leve ao fogo por cerca de 5 minutos, mexendo até engrossar. No final, descarte a casca e misture a manteiga.

7. Coloque um dos bolos no prato de servir e, se necessário, corte o topo para nivelar. Cubra com o creme de abacaxi. Sobreponha o segundo bolo e espalhe por cima o creme de leite ainda morno, alisando com uma espátula. Polvilhe com coco ralado e decore com flores comestíveis. Reserve na geladeira até servir.

NOTA: Se usar abacaxi em conserva, opte por um em suco natural (evite os com calda de açúcar). Se preferir, faça apenas um bolo, cubra-o com o creme e coloque o recheio no topo. Para uma versão sem glúten, substitua as farinhas de trigo por 1 xícara de farinha de aveia e ½ xícara de farinha de arroz integral, e siga o mesmo preparo.

MASSA (POR BOLO)

1 ½ xícara de farinha de trigo
½ xícara de farinha de trigo integral
1 xícara de coco ralado
1 ¼ xícara de açúcar demerara
1 colher (sopa) de fermento químico em pó
½ colher (café) de bicarbonato de sódio
1 colher (sopa) de farinha de linhaça
1 colher (sopa) de psyllium em pó
1 xícara de suco de abacaxi
½ xícara de óleo de girassol
½ limão-siciliano (raspas e suco)

RECHEIO

4 fatias de abacaxi
4 colheres (sopa) de açúcar demerara
2 colheres (sopa) de amido de milho
½ xícara de suco de abacaxi
3 colheres (sopa) de coco ralado

COBERTURA

4 colheres (sopa) de amido de milho
1 xícara de leite vegetal
3 colheres (sopa) de açúcar demerara
1 limão (cascas)
3 colheres (sopa) de manteiga vegetal
coco ralado (para polvilhar)
flores comestíveis (para decorar)

Bolo de coco e milho

 10 minutos | Forno: 40 minutos   8-10 porções   Fácil

1½ xícara de milho cozido (200 g)

400 ml de leite de coco

½ xícara de óleo de girassol ou óleo de coco derretido

1 limão-siciliano (raspas e suco)

1 xícara de açúcar demerara

¾ de xícara de farinha de arroz integral

½ xícara de fubá

½ xícara de amido de milho ou fécula de batata

1 xícara de coco ralado + um pouco para polvilhar

1 colher (sopa) de farinha de linhaça

1 colher (sopa) de psyllium em pó

1 colher (sopa) de fermento químico em pó

1 colher (café) de bicarbonato de sódio

1. Misture o milho (bem escorrido), o leite de coco, o óleo, as raspas e 1 colher (sopa) do suco de limão; triture até obter um creme liso e homogêneo (use o processador ou o liquidificador).

2. Transfira para uma vasilha e adicione o açúcar, as farinhas, o fubá, o amido, o coco ralado, a farinha de linhaça, o psyllium, o fermento e o bicarbonato, misturando a cada adição.

3. Unte uma fôrma (de 22 cm) com óleo e polvilhe com farinha. Despeje a massa.

4. Leve ao forno preaquecido a 180 °C por 40 minutos (verifique o ponto espetando no centro do bolo um palito, que deverá sair seco). Deixe esfriar, desenforme com cuidado e polvilhe com coco ralado.

NOTA: Pode substituir as farinhas de arroz, de milho e o amido por 1½ xícara de farinha de trigo ou de espelta; nesse caso, o bolo terá glúten.

Bolo de coco e cenoura

(SEM GLÚTEN)

 **20 minutos** | Forno: 30 minutos   **8-10 porções**   **Fácil**

1. Rale finamente as cenouras e reserve.

2. Em uma vasilha, misture os ingredientes secos: o fubá, a farinha, o açúcar (peneirado), o coco, o fermento, o bicarbonato, a farinha de linhaça e o psyllium (se usar).

3. À parte, misture os ingredientes líquidos: o leite, o óleo e o suco de limão. Passe para a vasilha das farinhas, mexendo com um fouet por cerca de 1 minuto para obter uma massa homogênea. Junte a cenoura ralada e envolva para incorporar.

4. Unte uma fôrma com óleo e polvilhe com farinha. Despeje a massa.

5. Leve ao forno preaquecido a 180 °C por 30 a 35 minutos (verifique o ponto espetando no centro do bolo um palito, que deverá sair quase seco).

6. Prepare a calda: Em uma panelinha, misture o suco de laranja e o açúcar e leve ao fogo por 3 minutos.

7. Retire o bolo do forno e fure o topo com um palito. Despeje a calda quente, lentamente, sobre o bolo para que seja absorvida. Em seguida, polvilhe com coco ralado. Deixe esfriar e sirva o bolo frio.

NOTA: Substitua as farinhas de milho e de arroz por 2 xícaras de farinha de trigo; nesse caso, o bolo terá glúten.

2 cenouras

1 xícara de fubá

½ xícara de farinha de arroz integral

1 ½ xícara de açúcar demerara

1 xícara de coco ralado + um pouco para polvilhar

1 colher (sopa) de fermento químico em pó

1 colher (café) de bicarbonato de sódio

1 colher (sopa) de farinha de linhaça

1 colher (sopa) de psyllium em pó (opcional; ajuda a ligar)

1 ½ xícara de leite vegetal

½ xícara de óleo de girassol ou óleo de coco derretido

1 colher (sopa) de suco de limão-siciliano

CALDA

suco de 1 laranja

1 colher (sopa) de açúcar demerara

Bolo de coco, manga e laranja
(SEM GLÚTEN)

 15 minutos | Forno: 35 minutos   **12 porções**   **Fácil**

1 manga pequena e madura (400 g)

1 laranja (raspas e suco)

1 colher (sopa) de suco de limão-siciliano

1 xícara de leite vegetal

⅓ de xícara de óleo de girassol ou óleo de coco derretido

1 xícara de açúcar mascavo ou açúcar de coco

1 xícara de farinha de arroz integral

½ xícara de farinha de aveia

½ xícara de farinha de mandioca ou fubá

1 xícara de coco ralado + um pouco para polvilhar

uma pitada de sal

1 colher (sopa) de farinha de linhaça

1 colher (sopa) de psyllium em pó (opcional; ajuda a ligar)

1 colher (sopa) de fermento químico em pó

½ colher (café) de bicarbonato de sódio

1. Separe a polpa da manga e amasse até obter um purê (cerca de 200 g).

2. Transfira o purê de manga para uma vasilha. Misture as raspas e o suco de laranja, o suco de limão, o leite e o óleo. Junte o açúcar, as farinhas, o coco ralado, o sal, a farinha de linhaça, o psyllium (se for usar), o fermento e o bicarbonato, envolvendo bem com uma espátula até obter uma massa densa e homogênea.

3. Unte uma fôrma retangular ou quadrada com óleo e polvilhe com farinha (de arroz). Despeje a massa e alise o topo com uma espátula.

4. Leve ao forno preaquecido a 180 °C por cerca de 35 minutos (verifique o ponto espetando no centro do bolo um palito, que deverá sair quase seco). Retire e polvilhe com coco ralado. Desenforme depois de esfriar e corte em quadrados.

NOTA: Se preferir, substitua as farinhas de arroz, de aveia e de mandioca por 2 xícaras de farinha de trigo ou de espelta (pode misturar uma parte integral); nesse caso, o bolo terá glúten.

Bolo de abacaxi

 15 minutos | Forno: 35 minutos   **12 porções**   **Muito fácil**

1. Espalhe o caramelo líquido no fundo e nas laterais de uma fôrma redonda (de 24 ou 26 cm; não use com fundo removível, pois o caramelo derramará).

2. Disponha as fatias de abacaxi no fundo da fôrma, encostando-as umas às outras; corte uma fatia em pedacinhos e preencha os espaços vazios.

3. Em uma vasilha, misture os ingredientes secos: as farinhas, o açúcar (peneirado), o sal, o fermento, o bicarbonato e as raspas de limão.

4. À parte, misture a farinha de linhaça com a água quente e bata energicamente com uma colher até formar uma goma.

5. Em um copo alto, misture o suco de abacaxi, 1 colher (sopa) do suco de limão, o leite, o óleo e a goma da linhaça. Passe para a vasilha das farinhas e misture com uma colher, para incorporar e obter uma massa homogênea. Despeje a massa na fôrma preparada.

6. Leve ao forno preaquecido a 180 °C por cerca de 35 minutos (verifique o ponto espetando no centro do bolo um palito, que deverá sair seco). Retire do forno e descole as laterais com uma faca para evitar que o caramelo cole. Deixe esfriar e desenforme com cuidado.

NOTA: Substitua o caramelo líquido por xarope de bordo, xarope de agave-azul ou xarope de tâmaras. Para a versão sem glúten, substitua as farinhas de espelta por 1½ xícara de farinha de arroz integral, ¾ de xícara de farinha de aveia e ¾ de xícara de fubá e acrescente 2 colheres (sopa) de psyllium em pó (para ajudar a ligar). Mantenha os demais ingredientes e siga o mesmo preparo.

½ xícara de caramelo líquido

7 fatias de abacaxi (500 g, peso drenado)

2 xícaras de farinha de espelta ou de trigo

1 xícara de farinha de espelta integral ou de trigo integral

2 xícaras de açúcar demerara ou mascavo

uma pitada de sal

1 colher (sopa) de fermento químico em pó

1 colher (café) de bicarbonato de sódio

½ limão-siciliano (raspas e suco)

1 colher (sopa) de farinha de linhaça

3 colheres (sopa) de água quente

1 xícara de suco de abacaxi

¾ de xícara de leite vegetal

½ xícara de óleo de girassol ou óleo de coco derretido

Bolo de laranja

 15 minutos | Forno: 35 minutos   12-14 porções   Fácil

2 xícaras de farinha de trigo ou de espelta

1 xícara de farinha de trigo integral ou de espelta

1 ½ xícara de açúcar demerara

uma pitada de sal

1 colher (sopa) de fermento químico em pó

½ colher (café) de bicarbonato de sódio

2 laranjas (raspas e suco)

2 colheres (sopa) de farinha de linhaça

1 xícara de leite vegetal

½ xícara de óleo de girassol ou óleo de coco derretido

CALDA (OPCIONAL)

½ xícara de suco de laranja

2 colheres (sopa) de açúcar demerara

1 colher (chá) de amido de milho

1 colher (sopa) de água

½ laranja (raspas)

1. Em uma vasilha, misture os ingredientes secos: as farinhas, o açúcar (peneirado), o sal, o fermento, o bicarbonato e as raspas de 1 laranja.

2. Extraia o suco das laranjas (cerca de ½ xícara). Aqueça o suco, misture a farinha de linhaça e mexa energicamente com uma colher até formar uma goma; retire e junte o leite e o óleo. Passe para a vasilha das farinhas e bata com um fouet por cerca de 1 minuto, para incorporar e obter uma massa homogênea.

3. Unte uma fôrma com óleo e polvilhe com farinha. Despeje a massa.

4. Leve ao forno preaquecido a 180 °C por 35 a 40 minutos (verifique o ponto espetando no centro do bolo um palito, que deverá sair seco). Deixe esfriar e desenforme.

5. Prepare a calda: Coloque o suco e o açúcar em uma panela e leve ao fogo por 2 minutos, mexendo sempre. À parte, dissolva o amido na água e junte à mistura, mexendo por mais alguns minutos. Adicione as raspas. Coloque a calda sobre o bolo já frio e desenformado.

Bolo de maçã caramelizado

 15 minutos | Forno: 30 minutos   8-10 porções   Fácil

1. Em uma vasilha, misture os ingredientes secos: as farinhas, o açúcar (peneirado), a linhaça (se for usar), a canela, o fermento e o bicarbonato.

2. À parte, misture os ingredientes líquidos: o suco de maçã, o óleo e 1 colher (sopa) do suco de limão. Passe para a vasilha das farinhas e bata com o fouet por cerca de 1 minuto, para incorporar e obter uma massa homogênea. Junte as raspas de limão e envolva levemente.

3. Tire os caroços e corte as maçãs, com a casca, em fatias finas.

4. Unte com óleo e polvilhe com farinha uma assadeira retangular ou redonda. Despeje a massa, cobrindo o fundo. Sobreponha as fatias de maçã, afundando-as ligeiramente e formando linhas (retas ou circulares, dependendo da assadeira escolhida).

5. Misture o açúcar mascavo com canela e polvilhe as fatias de maçã; distribua a manteiga em pedacinhos pelo topo, para caramelizarem.

6. Leve ao forno preaquecido a 180 °C por cerca de 30 minutos (verifique o ponto espetando no centro do bolo um palito, que deverá sair seco). Sirva ainda morno ou deixe esfriar.

NOTA: A maçã pode ser substituída por alguma fruta da época (como pera, ameixa ou pêssego). Para a versão sem glúten, substitua as farinhas de trigo por 1 xícara de farinha de arroz integral, ½ xícara de farinha de aveia e ½ xícara de fubá ou de fécula de batata e acrescente 1 colher (sopa) de psyllium em pó. Mantenha os demais ingredientes e siga o mesmo preparo.

1 ½ xícara de farinha de trigo
½ xícara de farinha de trigo integral
1 xícara de açúcar demerara
1 colher (sopa) de linhaça (opcional)
1 colher (café) de canela em pó
1 colher (sopa) de fermento químico em pó
1 colher (café) de bicarbonato de sódio
1 xícara de suco natural de maçã ou leite vegetal
½ xícara de óleo de girassol
1 limão-siciliano (raspas e suco)
4 maçãs
1 colher (sopa) de açúcar mascavo (para polvilhar)
canela em pó (para polvilhar)
1 a 2 colheres (sopa) de manteiga

Bolo de iogurte e mirtilo

 20 minutos | Forno: 40 minutos   10 porções   Fácil

1. Em uma vasilha, misture o iogurte, o leite, o óleo e 2 colheres (sopa) do suco de limão.

2. À parte, misture os ingredientes secos: as farinhas, o açúcar (peneirado), o sal, o açafrão, a farinha de linhaça, o psyllium, o fermento, o bicarbonato e as raspas de limão. Passe a mistura do iogurte para a vasilha das farinhas e envolva com uma espátula para obter uma massa homogênea; misture os mirtilos delicadamente.

3. Unte uma fôrma retangular com óleo e polvilhe com farinha (ou forre com papel-manteiga). Despeje a massa.

4. Leve ao forno preaquecido a 180 °C por cerca de 40 minutos (verifique o ponto espetando no centro do bolo um palito, que deverá sair seco). Deixe esfriar e desenforme.

5. Prepare a cobertura: Em uma panelinha, dissolva bem o amido com um pouco de leite frio; então junte o restante do leite, o açúcar e o açafrão e leve ao fogo por 5 minutos ou até engrossar, sem parar de mexer. Retire, misture a manteiga e deixe esfriar um pouco. Decore o topo do bolo com o creme, mirtilos e as raspas de limão.

NOTA: Para a versão sem glúten, substitua as farinhas de trigo por 1 xícara de farinha de arroz integral, ½ xícara de farinha de aveia e ½ xícara de fubá ou de fécula de batata. Mantenha os demais ingredientes e siga o mesmo preparo.

250 g de iogurte de soja natural
½ xícara de leite vegetal
½ xícara de óleo de girassol ou óleo de coco derretido
1 limão-siciliano (raspas e suco)
1 ½ xícara de farinha de trigo ou de espelta
½ xícara de farinha de trigo integral ou de espelta
1 xícara de açúcar demerara
uma pitada de sal
uma pitada de açafrão
1 colher (sopa) de farinha de linhaça
1 colher (sopa) de psyllium em pó
1 colher (sopa) de fermento químico em pó
½ colher (café) de bicarbonato de sódio
½ xícara de mirtilos

COBERTURA

2 colheres (sopa) de amido de milho
¾ de xícara de leite vegetal
1 a 2 colheres (sopa) de açúcar demerara
uma pitada de açafrão
1 colher (sopa) de manteiga vegetal
mirtilos (para decorar)
½ limão (raspas)

Bolo de batata-doce

 15 minutos | Forno: 35 minutos   **10 porções**   **Fácil**

300 g de batata-doce cozida (amarela ou laranja)

¾ de xícara de leite vegetal

½ xícara de óleo de girassol ou ⅓ de xícara de azeite

1 colher (sopa) de suco de limão-siciliano

1 xícara de açúcar mascavo ou açúcar de coco

2 xícaras de farinha de espelta ou de trigo

½ xícara de fécula de batata

uma pitada de sal

uma pitada de erva-doce em pó

uma pitada de canela em pó ou mixed spice

1 laranja (raspas)

1 colher (sopa) de farinha de linhaça

1 colher (sopa) de fermento químico em pó

½ colher (café) de bicarbonato de sódio

1. Misture a batata-doce, o leite, o óleo e o suco de limão, amassando até obter um purê.

2. Transfira para uma vasilha e misture o açúcar, a farinha, a fécula de batata, o sal, a erva-doce, a canela, as raspas de laranja, a farinha de linhaça, o fermento e o bicarbonato, mexendo entre cada adição para incorporar os ingredientes.

3. Unte uma fôrma (de 22 cm) com óleo e polvilhe com farinha. Despeje a massa e alise o topo com uma espátula.

4. Leve ao forno preaquecido a 180 °C por 35 minutos (verifique o ponto espetando no centro do bolo um palito, que deverá sair seco). Deixe esfriar e desenforme.

NOTA: Pode preparar a receita em formato de muffins; nesse caso, leve ao forno por cerca de 20 minutos.

Bolo-podre

(DE FRUTAS SECAS E ESPECIARIAS)

 10 minutos | Forno: 35 minutos   **12-14 porções**   **Fácil**

1. Em uma vasilha, misture os ingredientes secos: as farinhas, o açúcar, o fermento, o bicarbonato, a canela, a erva-doce, a noz-moscada e as raspas de limão.

2. À parte, misture a farinha de linhaça com a água quente e mexa energicamente até formar uma goma; junte o leite, o azeite, o vinho, o xarope de agave e cerca de 1 colher (sopa) do suco de limão. Passe para a vasilha das farinhas e bata por cerca de 1 minuto, para incorporar e obter uma massa homogênea. Adicione as nozes e as uvas-passas picadas, envolvendo delicadamente.

3. Unte uma fôrma com óleo e polvilhe com farinha. Despeje a massa.

4. Leve ao forno preaquecido a 180 °C por cerca de 35 minutos (verifique o ponto espetando no centro do bolo um palito, que deverá sair seco). Deixe esfriar e desenforme. Antes de servir, pincele com o xarope de agave e polvilhe com canela.

NOTA: Para a versão sem glúten, substitua as farinhas de trigo por 1 xícara de farinha de aveia, ¾ de xícara de farinha de arroz integral e ½ xícara de fubá e adicione 1 colher (sopa) de psyllium em pó. Mantenha os demais ingredientes e siga o mesmo preparo.

2 xícaras de farinha de trigo ou de espelta

1 xícara de farinha de trigo integral ou de espelta

1 ½ xícara de açúcar mascavo

1 colher (sopa) de fermento químico em pó

½ colher (café) de bicarbonato de sódio

2 colheres (chá) de canela em pó + um pouco para polvilhar

uma pitada de erva-doce em pó

uma pitada de noz-moscada em pó

1 limão-siciliano (raspas e suco)

1 colher (sopa) de farinha de linhaça

3 colheres (sopa) de água quente

1 ¼ xícara de leite vegetal

⅓ de xícara de azeite

2 colheres (sopa) de vinho do Porto ou da Madeira

3 colheres (sopa) de xarope de agave + um pouco para decorar

80 g de nozes ou amêndoas

80 g de uvas-passas

Bolo de nozes com creme de abóbora

 **20 minutos** | Forno: 35 minutos   **12 porções**   **Fácil**

1. Em uma vasilha, misture os ingredientes secos: as farinhas, o açúcar, o sal, a farinha de linhaça, o psyllium (se usar), as sementes de papoula e o fermento.

2. À parte, misture os ingredientes líquidos: o leite, o óleo e o suco de limão. Passe para a vasilha das farinhas e bata por cerca de 1 minuto, para incorporar e obter uma massa homogênea. Adicione as nozes picadas e envolva delicadamente.

3. Unte uma fôrma (de 22 cm) com óleo e polvilhe com farinha. Despeje a massa.

4. Leve ao forno preaquecido a 180 °C por 35 minutos (verifique o ponto espetando no centro do bolo um palito, que deverá sair seco). Desenforme depois de esfriar.

5. Prepare a cobertura: Misture o purê de abóbora, o amido, o fubá, o sal e o suco de limão, mexendo energicamente para não fazer grumos. À parte, em uma panela, misture o açúcar, a água e as cascas de limão e leve ao fogo por 3 minutos ou até o açúcar se dissolver. Passe o purê para a panela e mexa até engrossar. Retire do fogo, descarte a casca de limão e misture a manteiga, incorporando bem; deixe esfriar.

6. Cubra o bolo com o creme de abóbora e decore com nozes picadas. Reserve na geladeira até servir.

NOTA: Se quiser, divida a massa em 2 fôrmas iguais (de 22 cm) e use o creme como recheio e cobertura; nesse caso, duplique a receita do creme.

2 ½ xícaras de farinha de trigo ou de espelta

½ xícara de farinha de trigo integral ou de espelta

1 ½ xícara de açúcar demerara

uma pitada de sal

1 colher (sopa) de farinha de linhaça

1 colher (sopa) de psyllium em pó (opcional; ajuda a ligar)

1 colher (sopa) de sementes de papoula

1 colher (sopa) de fermento químico em pó

1 ½ xícara de leite vegetal

½ xícara de óleo de girassol ou óleo de coco derretido

1 colher (sopa) de suco de limão-siciliano ou vinagre de maçã

½ xícara de nozes picadas + um pouco para decorar

COBERTURA (CREME DE ABÓBORA)

½ xícara de açúcar demerara

¼ de xícara de água

1 limão-siciliano (cascas)

½ xícara de abóbora cozida e reduzida a purê (125 g)

2 colheres (sopa) de amido de milho

½ colher (sopa) de fubá ou farinha de grão-de-bico ou de tremoço

uma pitada de sal

1 colher (chá) de suco de limão

1 colher (sopa) de manteiga vegetal

Bolo de banana e nozes

 15 minutos | Forno: 45 minutos   10 porções   Fácil

2 bananas bem maduras

1 xícara de leite vegetal

4 a 6 colheres (sopa) de manteiga vegetal

2 colheres (sopa) de farinha de linhaça

6 colheres (sopa) de água quente

1 xícara de açúcar demerara

1 ½ xícara de farinha de trigo ou de espelta

½ xícara de farinha de trigo integral ou de espelta

uma pitada de sal

1 colher (café) de canela em pó

1 colher (sopa) de fermento químico em pó

½ colher (café) de bicarbonato de sódio

⅓ de xícara de nozes picadas

nozes-pecãs (para decorar)

1. Misture as bananas com o leite e a manteiga até obter um creme aveludado.

2. À parte, misture a farinha de linhaça com a água quente e bata até formar uma goma.

3. Transfira o creme de banana e a goma de linhaça para uma vasilha; junte o açúcar (peneirado), as farinhas, o sal, a canela, o fermento e o bicarbonato, mexendo com um fouet entre cada adição. Junte metade das nozes picadas e envolva delicadamente.

4. Unte uma fôrma retangular com óleo e polvilhe com farinha (ou forre com papel-manteiga). Despeje a massa e distribua por cima o restante das nozes picadas e algumas nozes-pecãs inteiras.

5. Leve ao forno preaquecido a 180 °C por 45 minutos (verifique o ponto espetando no centro do bolo um palito, que deverá sair seco). Desenforme depois de esfriar.

Bolo inglês

 15 minutos | Forno: 45 minutos   10 porções   Fácil

1. Pique finamente a mistura das nozes e de frutas secas e reserve parte para decorar.
2. Em uma vasilha, misture as farinhas, o açúcar, o sal, a canela, a erva-doce, o psyllium (se for usar), o fermento, o bicarbonato e as raspas de laranja.
3. À parte, misture a farinha de linhaça com a água quente e mexa energicamente até formar uma goma; junte o leite, o óleo, o vinho, o extrato de baunilha e o suco de limão. Passe para a vasilha das farinhas e bata por cerca de 1 minuto, para incorporar e obter uma massa homogênea. Adicione parte da mistura de nozes e frutas secas e incorpore delicadamente.
4. Forre uma fôrma retangular com papel-manteiga. Despeje a massa e cubra com o restante da mistura de nozes e frutas secas.
5. Leve ao forno preaquecido a 180 °C por 45 a 50 minutos (verifique o ponto espetando no centro do bolo um palito, que deverá sair seco). Se as frutas do topo começarem a queimar, cubra com as pontas do papel-manteiga. Deixe esfriar e desenforme. Regue com um fio de xarope de agave, se desejar.

½ xícara de mix de nozes, avelãs, amêndoas e pistaches

1 xícara de frutas secas (uvas-passas, damascos, ameixas e cranberries)

2½ xícaras de farinha de trigo ou de espelta

½ xícara de farinha integral de trigo ou de espelta ou farinha de aveia

1¼ xícara de açúcar mascavo

uma pitada de sal

uma pitada de canela em pó + um pouco para polvilhar

uma pitada de erva-doce em pó

1 colher (sopa) de psyllium em pó (opcional; ajuda a ligar)

1 colher (sopa) de fermento químico em pó

½ colher (café) de bicarbonato de sódio

1 laranja (raspas)

1 colher (sopa) de farinha de linhaça

3 colheres (sopa) de água quente

1½ xícara de leite vegetal

½ xícara de óleo de girassol ou óleo de coco derretido

1 colher (sopa) de vinho do Porto

1 colher (café) de extrato de baunilha

1 colher (sopa) de suco de limão-siciliano ou vinagre de maçã

1 colher (sopa) de xarope de agave (opcional; para pincelar)

Bolo de cenoura com cobertura de chocolate

(SEM GLÚTEN)

 20 minutos | Forno: 40 minutos   12 porções   Fácil

4 cenouras (400 g)

1 xícara de leite vegetal

½ xícara de óleo de girassol ou óleo de coco derretido

½ xícara de suco de laranja

1 colher (sopa) de suco de limão-siciliano

2 colheres (sopa) de farinha de linhaça

1 xícara de açúcar mascavo

1 xícara de farinha de arroz integral

½ xícara de farinha de aveia

½ xícara de fubá

uma pitada de sal

uma pitada de açafrão (opcional)

uma pitada de mixed spice (opcional)

1 colher (sopa) de psyllium em pó (ajuda a ligar)

1 colher (sopa) de fermento químico em pó

½ colher (café) de bicarbonato de sódio

COBERTURA

4 colheres (sopa) de creme de soja

1 a 2 colheres (sopa) de açúcar demerara

80 g de chocolate culinário (100% vegetal)

1. Descasque e corte as cenouras em rodelas (irá render cerca de 300 g).

2. No processador, coloque as cenouras, metade do leite, o óleo, o suco de laranja, o suco de limão e a farinha de linhaça. Triture até obter um purê. Adicione o leite restante e volte a bater.

3. Transfira o purê de cenoura para uma vasilha. Junte o açúcar, as farinhas, o fubá, o sal, as especiarias (se for usar), o psyllium, o fermento e o bicarbonato, envolvendo bem com uma espátula até obter uma massa densa e homogênea.

4. Unte uma fôrma (de 22 cm) com óleo e polvilhe com fubá. Despeje a massa e alise o topo com uma espátula.

5. Leve ao forno preaquecido a 180 °C por cerca de 40 minutos (verifique o ponto espetando no centro um palito, que deverá sair quase seco). Retire e deixe esfriar; desenforme com cuidado.

6. Prepare a cobertura: Coloque o creme de soja e o açúcar em uma panelinha e leve ao fogo até o açúcar dissolver. Retire do fogo e junte o chocolate em pedacinhos, mexendo até derreter. Cubra o bolo com o creme ainda morno.

NOTA: Se preferir, substitua as farinhas de arroz, de aveia e o fubá por 2 xícaras de farinha de trigo ou de espelta; nesse caso, o bolo terá glúten.

Brownie de batata-doce e chocolate

(SEM GLÚTEN E SEM AÇÚCAR)

 10 minutos | Forno: 25 minutos   **12 porções**   **Fácil**

100 g de chocolate culinário (100% vegetal)

2 batatas-doces cozidas (300 g)

1½ xícara de tâmaras secas (200 g, sem caroço)

4 colheres (sopa) de azeite ou óleo de coco derretido

½ xícara de leite vegetal ou água

1 colher (café) de extrato de baunilha (opcional)

1 xícara de farinha de arroz integral

3 colheres (sopa) de cacau em pó

1 colher (chá) de canela em pó

1 colher (chá) de fermento químico em pó

1 colher (café) de bicarbonato de sódio

framboesas para decorar (opcional)

1. Pique grosseiramente o chocolate com uma faca larga e afiada. Reserve.

2. No processador, coloque a batata-doce cozida (cortada em pedaços), as tâmaras (sem caroço), o azeite, o leite e o extrato de baunilha (se for usar). Triture tudo até obter um creme homogêneo.

3. Transfira o creme para uma vasilha e misture a farinha, o cacau, a canela, o fermento e o bicarbonato. Adicione o chocolate picado e envolva levemente. O resultado será uma massa espessa.

4. Forre um assadeira retangular (30 x 20 cm) com papel-manteiga. Transfira a massa para ela e alise um pouco com uma espátula.

5. Leve ao forno preaquecido a 180 °C por cerca de 25 minutos (verifique o ponto espetando no centro do brownie um palito, que deverá sair quase seco). Deixe esfriar, corte em retângulos ou quadrados e decore com framboesas.

NOTA: O cacau pode ser substituído por alfarroba em pó.

Brownie de feijão-preto, avelã e chocolate

(SEM GLÚTEN)

 10 minutos | Forno: 25 minutos   **12 porções**   **Fácil**

1. Escorra bem o feijão cozido (se for feijão em conserva, passe-o por água corrente). Corte a batata-doce em pedaços. Pique grosseiramente o chocolate com uma faca larga e afiada.

2. No processador, misture o feijão, a batata-doce, o azeite, o leite e o suco de limão, triturando até obter um creme homogêneo.

3. Transfira a massa para uma vasilha e misture o açúcar, as farinhas, o cacau, o extrato de baunilha (se for usar), o fermento e o bicarbonato, mexendo entre cada adição. Junte o chocolate e as avelãs e envolva levemente. O resultado será uma massa espessa.

4. Forre um assadeira retangular (30 x 20 cm) com papel-manteiga. Transfira a massa e alise um pouco com uma espátula.

5. Leve ao forno preaquecido a 180 °C por cerca de 25 minutos (verifique o ponto espetando no centro do brownie um palito, que deverá sair quase seco). Deixe esfriar e corte em quadrados ou retângulos.

NOTA: A batata-doce roxa intensifica a cor escura do brownie; se não encontrar, use batata-doce amarela ou cor de laranja. Para a versão sem açúcar, triture 200 g de tâmaras secas (sem caroço e cortadas em pedaços) juntamente com o feijão. As avelãs podem ser substituídas por nozes ou amêndoas picadas.

1 xícara de feijão-preto cozido (200 g)

1 batata-doce roxa cozida (200 g)

100 g de chocolate culinário (100% vegetal)

6 colheres (sopa) de azeite

½ xícara de leite vegetal

1 colher (sopa) de suco de limão-siciliano

1 xícara de açúcar mascavo

½ xícara de farinha de arroz integral

½ xícara de farinha de aveia

4 colheres (sopa) de cacau em pó

1 colher (café) de extrato de baunilha (opcional)

1 colher (chá) de fermento químico em pó

1 colher (café) de bicarbonato de sódio

½ xícara de avelãs picadas

Índice de receitas

Argolinhas › 68
Arroz-doce › 115
Beijinhos de coco e cenoura › 31
Biscoitos de amêndoas › 35
Biscoitos de canela e gengibre › 32
Biscoitos de coco e frutas secas › 36
Biscoitos de manteiga de amendoim › 32
Bolo brigadeiro › 180
Bolo cremoso de chocolate › 179
Bolo de abacaxi › 198
Bolo de alfarroba com creme e chocolate › 182
Bolo de banana e nozes › 213
Bolo de batata-doce › 207
Bolo de cenoura com cobertura de chocolate › 217
Bolo de chocolate › 176
Bolo de coco e abacaxi › 190
Bolo de coco e cenoura › 194
Bolo de coco e milho › 193
Bolo de coco, manga e laranja › 197
Bolo de iogurte e mirtilo › 204
Bolo de laranja › 201
Bolo de maçã caramelizado › 202
Bolo de nozes com creme de abóbora › 210
Bolo delícia de morango › 189
Bolo inglês › 214
Bolo mármore › 184
Bolo Red Velvet (de cacau e beterraba) › 186
Bolo-podre (de frutas secas e especiarias) › 208
Bolo-rainha rápido › 87
Bolo-rei › 84
Bolos de arroz › 62
Brigadeiros de chocolate › 28
Brigadeiros de chocolate e manteiga de amendoim › 28
Brownie de batata-doce e chocolate › 219

Brownie de feijão-preto, avelã e chocolate › 220
Cheesecake de castanha-de-caju, abacaxi e maracujá › 133
Cheesecake de castanha-de-caju e mirtilo › 130
Clafoutis de cereja e mirtilo › 166
Coroa de chocolate › 80
Croissants (tipo brioche) › 76
Cupcakes com gotas de chocolate › 42
Doce da casa › 108
Folar › 78
Galette de ameixa e pêssego › 165
Gelado de limão e morango › 125
Gelado de manga › 122
Leite-creme › 112
Manjar de coco › 98
Mil-folhas › 67
Mousse de castanha e chocolate amargo › 110
Mousse de chocolate › 110
Mousse de manteiga de amendoim › 112
Muffins de abóbora e laranja › 47
Muffins de cacau e manteiga de amendoim › 44
Muffins de cenoura e mexerica › 48
Muffins de framboesa e amora › 50
Natas do céu › 109
Panacotta › 99
Panetone › 83
Pão de banana › 88
Pão de Deus › 73
Pão de leite › 75
Pastéis de nata › 54
Pastéis de nata de amêndoas › 56
Pastéis de nata de chocolate › 59
Pastéis de nata de frutas vermelhas › 58
Pastéis de nata de manteiga de amendoim › 56
Pastéis de Tentúgal › 65
Pavê › 139

Pavê de frutas vermelhas › 116
Pudim de laranja › 102
Pudim de pão inglês › 107
Pudim de sêmola de milho › 104
Pudim flã › 101
Quadrados de crumble › 118
Queijadinhas de laranja › 61
Salame de chocolate e avelã › 172
Scones de batata-doce e amêndoas › 40
Scones de frutas secas › 39
Sonhos recheados › 70
Sorvete de banana e chocolate › 97
Sorvete de banana e morango › 97
Sorvete de castanha-de-caju, cacau e manteiga de amendoim › 94
Sorvete de castanha-de-caju, limão e framboesa › 95
Sorvete de leite de coco com caramelo de tâmaras › 93
Strudel de maçã e frutas vermelhas › 169
Tiramisù › 136
Torta banoffee › 140
Torta cremosa de chocolate e mirtilo › 149
Torta de abóbora e mexerica › 158
Torta de alfarroba › 152
Torta de chocolate e figo › 151
Torta de grão-de-bico › 155
Torta de limão › 142
Torta de maçã com cobertura de morangos › 161
Torta de maçã e cereja › 162
Torta de manteiga de amendoim › 146
Torta de nata e café › 145
Torta gelada de castanha-de-caju e café › 134
Torta gelada de frutas silvestres › 126
Torta gelada de limão e cereja (cheesecake) › 129
Torta rápida de amêndoas › 156
Tronco de Natal › 171
Trufas de avelã e cacau › 30

Compartilhe a sua opinião
sobre este livro usando a hashtag
#CozinhaVeganaDocesESobremesas
nas nossas redes sociais:

/EditoraAlaude
/EditoraAlaude